MASCHA KAUKA

Leichter Genuss

Fisch

und Meeresfrüchte

Weltbild

Impressum

Konzeption, Redaktion und Rezepte: Mascha Kauka, Moosburg

Dipl. oec. troph. Andrea Brenner, Ingeborg Pils

Umschlaggestaltung und Layout: H.S. Medien GmbH, Helma Strobel, Starnberg

Lithoarbeiten: Kaltner Media GmbH, Bobingen

Druck und Bindearbeit: Neue Stalling, Oldenburg

Printed in Germany

ISBN 3-89604-248-4

MASCHA KAUKA

Leichter Genuss

Fisch

und Meeresfrüchte

Weltbild

Inhaltsverzeichnis

Vorwort

Wer Fisch und Meeresfrüchte ißt, weil sie leicht und gesund sind, hat mit dieser Begründung recht, doch sie ist nur der erste von vielen Pluspunkten: Fisch und Meeresfrüchte sind eines der letzten, reinen Naturprodukte, das uns in einer so reichen Vielfalt wie kein anderes Nahrungsmittel geboten wird.

Fast ebenso einmalig ist die Vielfalt der Zubereitungsarten. Für Köche wie für Gourmets gibt es kaum etwas so Abwechslungsreiches und Spannendes wie die Fischküche.

Und schließlich wissen wir alle, daß Fisch und Meeresfrüchte Neptuns Juwelen sind, die mit entsprechender Sorgfalt behandelt, jedes Gastmahl krönen.

Diese Freude beim Kochen und Genießen setzt allerdings ein paar Kenntnisse voraus. Damit Sie nie wieder ratlos vor einem Fisch, einem Hummer oder einem Rezept stehen, sind alle Anleitungen in diesem Buch besonders ausführlich und, wo nötig, durch Abbildungen der Arbeitsschritte genau erklärt.

Außerdem erleichtern "Warenkunde und Küchenpraxis" den Umgang mit allem, was Ihnen schmeckt.

Ganz gleich, ob Sie regionale Spezialitäten suchen, Rezepte aus der klassischen Küche, ein bißchen Exotik oder neue Ideen für den Grillabend - Sie können aus 120 Rezepten wählen und sich zu eigenen Kreationen anregen lassen.

Viel Freude und guten Appetit!

Kalte Vors

ɔeisen und Salate

Avocado mit Garnelensalat

einfach, Blitzrezept
4 Portionen

- 2 reife Avocados
- 2 Zitronen
- 20 gekochte Garnelenschwänze
- 2 Schalotten
- Salz
- frisch gemahlener weißer Pfeffer
- 1/2 Bund glatte Petersilie
- 1 Bund Dill
- 4 Blätter Kopfsalat (oder Lollo oder Novita)
- 2 Cocktailtomaten
- 2 EL neutrales Keimöl oder 1/2 Menge Cocktailsauce, Rezept Seite 136

Die Avocados der Länge nach halbieren und vom Stein drehen. Mit einem Teelöffel die 4 Fruchthälften bis auf einen schmalen Rand aushöhlen. Das Fruchtfleisch würfeln. 1 Zitrone auspressen und den Saft sowohl über die Avocadowürfel, als auch über das Fleisch in den Fruchthälften träufeln.

Die Garnelen in einem Sieb mit kaltem Wasser spülen und gut abtropfen lassen. Die Schalotten abziehen und sehr fein würfeln. Garnelen und Schalotten in einer Schüssel mit etwas Salz und reichlich frisch gemahlenem Pfeffer würzen. Die Avocadowürfel samt Zitronensaft vorsichtig unterheben.

Die Petersilie und den Dill waschen, trockenschütteln und die Hälfte der Dillspitzen zum Garnieren beiseite legen. Petersilienblätter und restlichen Dill sehr fein hacken und mit dem Garnelensalat vermischen.

Die Salatblätter und die Tomaten waschen und trockentupfen. Die Tomaten halbieren. Die zweite Zitrone in Scheiben schneiden und diese halbieren.

Wenn keine Cocktailsauce Verwendung findet, den Garnelensalat mit 2 Eßlöffel Öl mischen und in die Avocadohälften füllen. Mit Dillspitzen garnieren und mit je einem Salatblatt, 1/2 Tomate und Zitronenscheiben anrichten.

Bei Verwendung von Cocktailsauce ist das Öl überflüssig. Der Garnelensalat kann mit der Cocktailsauce vermischt in die Avocados gefüllt werden, oder Sie reichen die Cocktailsauce getrennt dazu.

Nährwerte pro Portion
Kilokalorien 340, Kilojoule 1410, Eiweiß/g 17, Kohlenhydrate/g 2, Fett/g 29, Ballaststoffe/g 3,5

Garnelencocktail

einfach, Blitzrezept
4 Portionen

- 300 g gekochte, geschälte Garnelenschwänze
- 200 g Cocktailtomaten
- 4 Frühlingszwiebeln
- 5 EL Naturjoghurt
- 2 EL Crème fraîche
- 3 EL Tomatenketchup
- 1 Zitrone
- Salz
- 1 Prise Zucker
- frisch gemahlener Pfeffer
- 1 Messerspitze Cayennepfeffer
- 4 Salatblätter

Die Garnelen in einem Sieb kurz abbrausen und abtropfen lassen.

Die Tomaten und die Frühlingszwiebeln waschen. Tomaten vierteln, das Weiße der Frühlingszwiebeln hacken und einen Teil des grünen Zwiebellauchs in feine Röllchen schneiden.

Für die Sauce Joghurt, Crème fraîche und Tomatenketchup verrühren. Mit dem Saft von 1/2 Zitrone, Salz, Zucker, Pfeffer und Cayennepfeffer pikant würzen.

Garnelen, Tomaten und Frühlingszwiebeln in eine Schüssel geben und mit der Sauce vermischen. Zugedeckt etwas durchziehen lassen.

Die Salatblätter waschen und trockenschütteln. 4 Glasschälchen mit den Salatblättern auslegen und den Garnelencocktail darauf anrichten. Jeweils 1 Scheibe Zitrone an den Rand stecken.

Nährwerte pro Portion
Kilokalorien 160, Kilojoule 650, Eiweiß/g 16, Kohlenhydrate/g 9, Fett/g 5, Ballaststoffe/g 1,6

Gamberetti olio e limone

einfach, Blitzrezept
2 Portionen

- 250 g gekochte, geschälte Garnelenschwänze
- 4 EL Zitronensaft
- 1 EL Limettensaft
- Salz
- frisch gemahlener weißer Pfeffer
- 1 Prise Cayennepfeffer
- 100 ml kaltgepreßtes Olivenöl
- Basilikum zum Garnieren

Die Garnelen evtl. kurz waschen, gut abtropfen lassen.

Zitronen- und Limettensaft mit Salz, weißem Pfeffer und Cayennepfeffer kräftig würzen, das Olivenöl unterschlagen.

Die Garnelen darin wenden, in Glasschälchen verteilen und mit Basilikum garniert servieren.

Nährwerte pro Portion
Kilokalorien 290, Kilojoule 1200, Eiweiß/g 12, Kohlenhydrate/g 1, Fett/g 26, Ballaststoffe/g 8,0

Tip Man kann das Tatar auch nur von einer Fischsorte zubereiten, dann empfiehlt sich Lachs. Durch Zitronensaft verliert das Lachsfleisch seine intensive Farbe, deshalb sollte man es erst nach dem Servieren beträufeln.

Tatar von Edelfischen auf Salat

einfach, braucht Zeit
4 Portionen

- 2 mittelgroße Schalotten
- 1/2 Bund Dill
- 200 g roher Lachs ohne Haut und Gräten
- 200 g rohe Seezungenfilets oder Seeteufel
- Salz
- frisch gemahlener weißer Pfeffer
- 6 EL kaltgepreßtes Olivenöl
- Blätter von 3-4 Salatsorten
- 2 EL Weißwein- oder Sherryessig
- Zitronen und Dill zum Garnieren
- Saft von 1 großen Zitrone

Die Schalotten abziehen und fein würfeln, die Dillspitzen fein hacken.

Den Lachs noch einmal gründlich auf Gräten untersuchen. Die Filets in dünne Scheiben schneiden, die Scheiben aufeinanderlegen, in Streifen und diese dann quer in Würfel schneiden. Gleichmäßig kreuz und quer hacken. Nicht zu fein hacken, es sollen Würfelchen entstehen, kein Mus.

Das Fischtatar mit etwas Salz, Pfeffer und 2 Eßlöffeln Olivenöl würzen und mit den Schalotten und dem Dill vermischen.

Die Salatblätter verlesen, waschen und trockenschütteln. Aus Salz, Pfeffer, Essig und 4 Eßlöffeln Olivenöl eine Marinade rühren. Die Salatblätter durch die Marinade ziehen und 4 Teller damit auslegen.

Das Fischtatar portionsweise auf Zitronenscheiben auf dem Salat anrichten und mit Dill garnieren.

Den Zitronensaft getrennt dazu reichen und das Fischtatar bei Tisch mit dem Saft beträufeln.

Nährwerte pro Portion
Kilokalorien 340, Kilojoule 1400, Eiweiß/g 20, Kohlenhydrate/g 1, Fett/g 26, Ballaststoffe/g 1,2

Surimi-Bündel

einfach, Blitzrezept
4 Portionen

- 2 Dosen Palmitos (Palmherzen), 800 g
- 16 Surimi-Stäbchen, 250 g, vakuumverpackt
- 1 Bund glatte Petersilie
- Saft von 1 Zitrone
- frisch gemahlener weißer Pfeffer
- 1 Messerspitze Chilipulver
- 4 EL Keimöl
- 2 dicke Stangen Lauch
- Salz

Sauce
- 4 EL Crème fraîche
- 2 EL Schlagsahne
- 1 EL mittelscharfer Senf
- 1 Prise Salz
- 1 Prise Zucker
- frisch gemahlener weißer Pfeffer

Die Palmitos abtropfen lassen und in Länge und Stärke passend zu den Surimi-Stäbchen schneiden. Palmitos und Surimis nebeneinander in eine weite, flache Form legen.

Die Petersilie waschen, trockenschütteln und die Blätter fein hacken. Den Zitronensaft mit Salz, Pfeffer und Chilipulver verrühren, mit dem Öl aufschlagen und mit der Petersilie vermischen. Die Marinade über Palmitos und Surimis träufeln.

Die Lauchstangen putzen, der Länge nach halbieren und in kochendem Salzwasser 3 Minuten blanchieren. Kalt abschrecken und die Lauchstreifen ausbreiten, um geeignete Bänder für die Bündel zu finden.

Crème fraîche mit Schlagsahne und Senf verrühren. Mit je 1 Prise Salz und Zucker und mit weißem Pfeffer abschmecken.

Je 2 Palmitos und Surimis zusammenlegen und mit Lauchstreifen binden.

Die Sahnesauce auf 4 Teller verteilen und je 2 Surimi-Bündel darauf setzen.

Nährwerte pro Portion
Kilokalorien 400, Kilojoule 1660, Eiweiß/g 12, Kohlenhydrate/g 9, Fett/g 33, Ballaststoffe/g 5,4

Tip

Bis auf das Öffnen der Austern läßt sich diese attraktive Meeresfrüchteplatte gut vorbereiten. Sie ist eine ideale Vorspeise in einem festlichen Menü oder ein feiner, kleiner Imbiß bei besonderen Anlässen.

Meeresfrüchte-platte

einfach, Blitzrezept
4 Portionen

- 500 g Miesmuscheln
- 500 g gemischte Muscheln
- 2 kleine Möhren
- 50 g Sellerieknolle
- 1 kleine Stange Lauch
- 100 g Schalotten
- 1/8 l Öl
- Salz
- 1 Knoblauchzehe
- 1 Lorbeerblatt
- 1 Kräutersträußchen aus 1 Zweig Thymian, einigen Petersilienstengeln, 1 Zweig Estragon und etwas Kerbel
- 1/4 l Weißwein
- 4 rohe Riesengarnelen
- 4 frische Austern
- 1 Bund glatte Petersilie
- 1 Bund Basilikum
- 1 Schalotte
- Saft von 1/2 Zitrone
- frisch gemahlener weißer Pfeffer
- Meeresalgen oder Tang zum Garnieren (beim Fischhändler nachfragen)
- 2 Zitronen

Die Muscheln 3 oder 4mal unter sehr kaltem Wasser waschen, bürsten und die Bärte entfernen.

Möhren, Sellerie und Lauch waschen und putzen, die Schalotten abziehen und alles würfeln. 2 Eßlöffel Öl in einem großen Topf erhitzen, das Gemüse bei geringer Hitze glasig dünsten.

Die Muscheln zugeben und bei starker Hitze im geschlossenen Topf ein paar Minuten schmoren lassen, schwach salzen.

Die Knoblauchzehe abziehen, halbieren und mit dem Lorbeerblatt und dem Kräutersträußchen zugeben. Mit dem Weißwein ablöschen, aufkochen und 2 Minuten ziehen lassen. Die Muscheln mit einer Schaumkelle aus dem Sud heben und abkühlen lassen. Jetzt noch geschlossene Muscheln wegwerfen und bei den Miesmuscheln die leere Schale wegbrechen.

1/2 Liter Wasser zum Sud geben und aufkochen lassen. Die Riesengarnelen kurz ab-

brausen, in den heißen Sud geben und bei kleiner Hitze 5 Minuten ziehen lassen. Herausheben und abkühlen lassen.

Die Austern zum Öffnen in eine Serviette legen, und zwar mit der flachen Schale nach oben und dem Scharnier nach vorn. Die Auster festhalten und mit dem Austernmesser eine kleine Öffnung im Scharnier suchen. Das Scharnier durchtrennen und dann die Schalen mit einer kräftigen, drehenden Bewegung des Messers aufbrechen.

Die Messerklinge an der Innenseite der oberen Schale entlangführen und den Mus-

kel, der die Schalenhälften zusammenhält, durchtrennen. Während des gesamten Vorgangs darauf achten, daß die untere Muschelschale waagerecht bleibt, um keine Flüssigkeit zu verlieren.

Für die Kräutersauce die Petersilie und das Basilikum waschen, trockenschütteln und fein hacken. Die Schalotte abziehen, hacken und mit den Kräutern, dem Zitronensaft, Salz, Pfeffer und dem restlichen Öl mischen. Ziehen lassen.

Eine Servierplatte mit zerstoßenem Eis hügelartig anfüllen, mit den gewaschenen und geputzten Algen garnieren und die Meeresfrüchte darauf anrichten.

Beim Servieren noch einige Zitronenschnitze hinzufügen und nicht vergessen, für die leergegessenen Schalen einen Teller bereitzustellen. Dazu reichen Sie Stangenweißbrot und die in Portionsschälchen gefüllte Kräutersauce.

Nährwerte pro Portion
Kilokalorien 260, Kilojoule 1080, Eiweiß/g 25, Kohlenhydrate/g 22, Fett/g 6, Ballaststoffe/g 6,1

Carpaccio vom Seeteufel

einfach
4 Portionen

- 500 g Seeteufel (Lotte) vom Schwanzende, küchenfertig gehäutet
- 3 Limetten
- 1 TL rosa Pfefferkörner
- Salz
- frisch gemahlener weißer Pfeffer
- 4 EL Olivenöl
- 8 Babyavocados

Den Seeteufel in Alufolie wickeln und mindestens 2 Stunden einfrieren.

4 Teller vorkühlen.

2 Limetten waschen, trocknen, und mit dem Juliennereißer von der Schale dünne, kurze Streifen abziehen. Alle 3 Limetten auspressen. Die rosa Pfefferkörner im Mörser stoßen.

Den gefrorenen Seeteufel mit der Aufschnittmaschine oder einem sehr scharfen Messer in möglichst dünne Scheiben schneiden und auf den vorgekühlten Tellern auslegen. Den Carpaccio mit Salz und frisch gemahlenem weißen Pfeffer bestreuen und den Limettensaft darüberträufeln. Etwas Limettensaft für die Avocados aufheben. Limettenschale und gestoßenen rosa Pfeffer über die Fischscheiben verteilen. Den Carpaccio mit Öl beträufeln und die Teller wieder in den Kühlschrank stellen.

Die Babyavocados schälen und der Länge nach in Scheiben schneiden. Je 2 Avocados auf einem Teller fächerartig anrichten und mit dem restlichen Limettensaft beträufeln.

Den Carpaccio gut gekühlt servieren und Baguette und Butter dazu reichen.

Nährwerte pro Portion
Kilokalorien 440, Kilojoule 1830, Eiweiß/g 25, Kohlenhydrate/g 4, Fett/g 33, Ballaststoffe/g 2,0

Ceviche von Riesengarnelen

einfach, Blitzrezept
4 Portionen

- abgeriebene Schale von 2 Limetten
- Saft von 4 Limetten
- abgeriebene Schale von 1 unbehandelten Orange
- Saft von 2 Orangen
- Salz
- Zucker
- 2 kleine rote Zwiebeln
- 2 rote Chilischoten (oder Tabasco nach Geschmack)
- 1 Fleischtomate
- 2 Bund glatte Petersilie
- evtl. zusätzlich etwas frisches Koriandergrün (Cilantro)
- 16 rohe Riesengarnelen

Abgeriebene Schale und den Saft von Limetten und Orangen in einer weiten Schüssel mischen. Je 1 Prise Salz und Zucker einrühren.

Die Zwiebeln abziehen, in hauchdünne Ringe schneiden und in den Saft geben. Chilischoten putzen, aufschlitzen und die Kernchen entfernen. Waschen und fein hacken. Zum Saft geben oder diesen mit Tabasco möglichst scharf abschmecken.

Die Fleischtomate einritzen, blanchieren und häuten. Halbieren, entkernen, die Hälften klein würfeln und in die Marinade geben.

Petersilie und eventuell das Koriandergrün fein hacken, ebenfalls zur Marinade geben und gründlich verrühren.

Salzwasser aufkochen. Die Garnelen waschen und hineingeben, bei schwacher Hitze im geschlossenen Topf 4 Minuten ziehen lassen. Abgießen, kalt abspülen und bis auf den Schwanz aus den Schalen lösen. Den Darm vorsichtig entfernen.

Die Garnelen in der Marinade ziehen lassen, sehr dicke Garnelen längs halbieren.

Nährwerte pro Portion
Kilokalorien 120, Kilojoule 520, Eiweiß/g 16, Kohlenhydrate/g 12, Fett/g 2, Ballaststoffe/g 4,0

Ceviche ist eine südamerikanische Spezialität. Sie kann auch von Muscheln und Fisch zubereitet werden. Bei diesem Rezept werden rohe Garnelen verwendet. Als Ersatz können Sie 300 bis 400 g gekochte Garnelen kaufen. Das ist preiswerter und die Zubereitung gelingt schneller, allerdings schmecken frisch gekochte Garnelen weit besser.

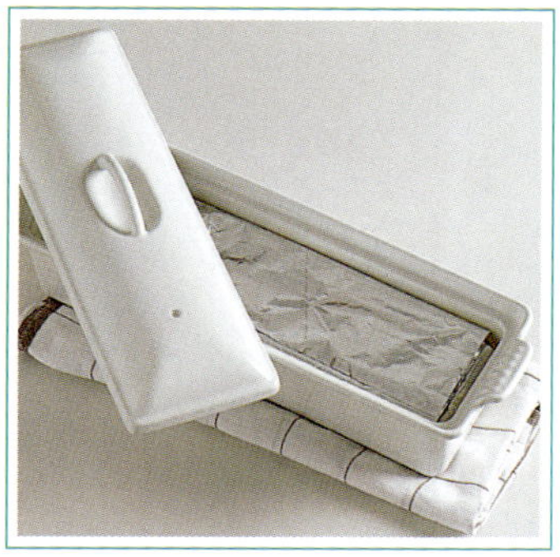

Fischterrine

Am Vortag zubereiten

braucht Zeit
12 Scheiben

- 400 g pariertes Lachsforellenfilet
- 1 TL Salz
- 1 Messerspitze gemahlener Koriander
- frisch gemahlener weißer Pfeffer
- 1 Messerspitze Cayennepfeffer
- 1 Ei
- 450 g Schlagsahne
- 250 g Seeteufelfilet vom dicken Ende
- 2 große oder 4 kleine Mangoldblätter
- Butter für die Form

Sauce
- 50 g Salatrauke oder Kresse
- Saft von 1 Zitrone
- Salz
- frisch gemahlener weißer Pfeffer
- 300 g Crème fraîche

Die Forellenfilets in Würfel schneiden. In der Küchenmaschine mit Salz, Koriander, Pfeffer und Cayennepfeffer, Ei und 350 g Schlagsahne portionsweise pürieren.

Die Masse durch ein feines Sieb streichen. Die restliche Sahne steif schlagen und unter die Masse ziehen. In den Kühlschrank stellen.

Etwas Salzwasser aufkochen, den Topf vom Herd nehmen und das unzerteilte Seeteufelfilet 2 Minuten pochieren. Herausheben und auf Küchenpapier abtropfen lassen.

Die Mangoldblätter kurz blanchieren, zwischen Küchentüchern trocknen und die Rippen entfernen.

Das Fischfilet der Länge nach vierteln und in die Mangoldblätter wickeln. Überstehende Enden abschneiden.

Eine Terrinenform von 1 Liter Inhalt mit Butter ausstreichen und mit Alufolie auslegen. Die Forellenfarce zur Hälfte einfüllen, die umwickelten Filets in die Mitte drücken und die restliche Farce gleichmäßig darüberstreichen. Die Folie über der Farce zusammenlegen, die Terrine mehrmals auf ein zusammengefaltetes Küchentuch stoßen und mit dem Deckel verschließen.

Den Backofen auf 120°C vorheizen. Die Terrine im Wasserbad im Ofen ca. 1 Stunde garen.

Die fertige Terrine aus dem Ofen nehmen, abkühlen lassen und über Nacht im Kühlschrank aufbewahren.

Zum Servieren die Terrine mit Hilfe der Folie aus der Form heben. Die Folie abziehen und die Terrine in etwa fingerdicke Scheiben schneiden.

Für die Kräutersauce die Salatrauke waschen, trockenschütteln, grob hacken und mit Zitronensaft, Salz, Pfeffer und 1 Eßlöffel Crème fraîche im Mixer pürieren. Die Sauce mit der restlichen Crème fraîche aufschlagen.

Je zwei Scheiben Fischterrine und etwas Sauce auf einem Teller anrichten.

Dazu paßt Blattsalat, durch eine leichte Vinaigrette gezogen.

Nährwerte pro Scheibe
Kilokalorien 260, Kilojoule 1080, Eiweiß/g 13, Kohlenhydrate/g 2, Fett/g 21, Ballaststoffe/g 0.1

Roulade aus Seezunge und Lachs

braucht Zeit, zum Einfrieren
4 Portionen

Roulade
- 150 g schieres Lachsfilet, pariert, ohne Gräten
- 1 Eiweiß
- Salz
- frisch gemahlener weißer Pfeffer
- 1 Zitrone
- ca. 8 cl Schlagsahne
- 1 Seezunge bzw. 4 Seezungenfilets

Vinaigrette
- 2 reife Strauchtomaten
- 2 kleine Schalotten
- 1/2 Bund Schnittlauch
- 1/2 Bund glatte Petersilie
- 2-3 Stengel Basilikum
- Salz
- frisch gemahlener Pfeffer
- 1 Messerspitze Zucker
- 3 EL Sherry-Essig
- 5 EL Sonnenblumenöl

Von der langen Seite des Lachsfilets einen 50 g schweren Streifen abschneiden und im Kühlschrank aufbewahren. Den restlichen Lachs grob würfeln und mit einem leicht geschlagenen Eiweiß, etwas Salz und Pfeffer und dem Saft von 1/2 Zitrone mischen. In der Moulinette oder einem anderen Mixer pürieren und die Farce für 30 Minuten in den Kühlschrank stellen.

Dann die flüssige Sahne nach und nach einarbeiten, die Farce darf nicht zu weich werden.

Eine Seezunge filetieren, bzw. die gekauften Seezungenfilets waschen, trockentupfen, mit dem Saft der restlichen Zitrone säuern und schwach salzen. Den Fisch kurz ziehen lassen, dabei einmal wenden und dann auf Küchenpapier trocknen. Die Seezungenfilets abwechselnd mit Kopf- und Schwanzende nebeneinander auf ein großes Stück Alufolie legen - die Hautseite nach oben.

Die gut gekühlte Lachsfarce auf die Seezunge streichen und den restlichen Streifen Lachsfilet auf eines der kurzen Enden legen. Die Spitzen der Seezungenfilets über das Lachsstück schlagen und die Roulade mit Hilfe der Folie wie einen Strudel zusammenrollen. Die Roulade fest in die Folie wickeln und die überstehende Folie links und rechts wie bei einem Bonbon zusammendrehen.

Reichlich Wasser in einem Topf auf 80°C erhitzen. Die Fischroulade einlegen und den Deckel schließen. Nach 3 Minuten den Topf vom Herd nehmen und die Roulade im Wasser völlig auskühlen lassen. Dann das Folienpaket herausheben, abtrocknen und für mindestens 2 Stunden in den Kühlschrank legen.

Für die Vinaigrette die Tomaten blanchieren, häuten, halbieren und entkernen. Das Tomatenfleisch in kleine Würfel schneiden. Die Schalotten abziehen und fein würfeln. Die Kräuter waschen, trockenschütteln und fein hacken.

Salz, Pfeffer und Zucker mit dem Essig verrühren und mit dem Öl zu einer sämigen Marinade schlagen. Die Tomaten und die Kräuter einrühren und die Vinaigrette abschmecken.

Zum Servieren die Seezungenroulade aus der Folie wickeln und in etwa 1 cm dicke Scheiben schneiden. Auf jeden Teller etwas Vinaigrette geben, die Rouladenscheiben darauflegen und mit Vinaigrette beträufeln. Mit feinen Blattsalaten in beliebiger Mischung garnieren. Die Salatblätter vorher durch eine leichte Vinaigrette (Salz, Essig oder Zitrone und Öl) ziehen.

Nährwerte pro Portion
Kilokalorien 450, Kilojoule 1870, Eiweiß/g 36, Kohlenhydrate/g 4, Fett/g 28, Ballaststoffe/g 1,5

Rheinischer Heringssalat

Salat einige Stunden durchziehen lassen

einfach, braucht Zeit
4 Portionen

- 4 Kartoffeln
- Salz
- 4 Matjesfilets
- 125 g Kalbsbraten in Scheiben
- 150 g Selleriescheiben aus dem Glas
- 150 g rote Bete aus dem Glas
- 1 große Gewürzgurke
- 1 große Zwiebel
- 1 süßer roter Apfel
- 1 EL Kapern
- 2 EL Weinessig
- 3 EL Öl
- 1 TL scharfer Senf
- 150 ml heiße Brühe
- frisch gemahlener schwarzer Pfeffer
- 2 harte Eier

Die Kartoffeln waschen und in der Schale in Salzwasser etwa 20 Minuten garkochen. Dann abgießen, mit kaltem Wasser abschrekken und pellen. Die Kartoffeln etwas auskühlen lassen und in Würfel schneiden.

Die Matjesfilet abspülen, trockentupfen und in kleine Würfel, den Kalbsbraten in dünne Streifen schneiden.

Selleriescheiben, rote Bete und Gewürzgurke abtropfen lassen und würfeln.

Die Zwiebel abziehen und fein hacken.

Den Apfel waschen, vierteln, entkernen und in Scheiben schneiden. Alle Zutaten in einer Schüssel mit den Kapern vermengen.

Aus Essig, Öl, Senf und der heißen Brühe eine Marinade anrühren und über den Salat gießen. Vorsichtig durchmischen und zugedeckt im Kühlschrank 3 bis 4 Stunden ziehen lassen. Erst dann mit Salz und Pfeffer abschmecken.

Die harten Eier schälen, in Scheiben schneiden und den Salat damit garnieren.

Nährwerte pro Portion
Kilokalorien 370, Kilojoule 1540, Eiweiß/g 23, Kohlenhydrate/g 28, Fett/g 15, Ballaststoffe/g 6,3

Hausgebeizte Lachsforelle mit Senfsauce

einfach, braucht Zeit
4 Portionen

- 1 Lachsforelle, ca.1 kg
- 5 EL Salz
- 3 EL Zucker
- je 1 TL Pfefferkörner, Wacholderbeeren und Pimentkörner
- 2 Bund Dill

Senfsauce

- 4 EL Senf mit ganzen Körnern
- 1 TL scharfes Senfpulver
- 40 g Zucker
- 2 EL weißer Weinessig
- 1 Eigelb
- 3 EL Olivenöl
- 2 EL gehackter Dill

Den Fisch ausnehmen und filetieren (siehe Seite 147). Diese Arbeit erledigt auch der Fischhändler. Wichtig ist, daß die Filets nicht gehäutet werden!

Mit einer Pinzette die Gräten herausziehen. Sie sind einfach zu finden, wenn man mit der Fingerkuppe mit leichtem Druck über das Filet streicht.

Alle Gewürze im Mörser zerstoßen und das Fischfilet innen damit einreiben.

Den Dill waschen, trockenschütteln und grob hacken, dann auf den Filets andrücken.

Die beiden Filets aufeinanderlegen, mit den Hautseiten nach außen und je ein Kopf- und ein Schwanzende übereinander, damit das Paket zum Pressen gleich hoch ist. Fest in Frischhaltefolie einwickeln, zwischen zwei Platten oder Bretter legen und beschweren. Gut 24 Stunden in den Kühlschrank legen.

Zum Aufschneiden eignet sich am besten ein langes, flaches Messer; es gibt auch spezielle Lachsmesser. Man beginnt am breiten Ende, setzt das Messer flach an, um möglichst große Scheiben zu bekommen, und schneidet in Kopfrichtung – natürlich nur das Fleisch, die Haut bleibt liegen.

Für die Sauce Senf, Senfpulver, Zucker und Weinessig in einer kleinen Schüssel gut verrühren. Das Eigelb einrühren, das Öl tropfenweise zugießen und mit dem Schneebesen kräftig schlagen. Die Senfsauce soll cremig sein. Den gehackten Dill einrühren und die Sauce vor dem Servieren kalt stellen.

Die Senfsauce zur aufgeschnittenen, gebeizten Lachsforelle servieren. Dazu paßt Gurkensalat. Rohe Kartoffelwürfel, knusprig gebraten, schmecken auch gut dazu.

Variation: Statt Zucker 1 Eßlöffel Honig in die Sauce rühren.

Nährwerte pro Portion
Kilokalorien 540, Kilojoule 2260, Eiweiß/g 58, Kohlenhydrate/g 36, Fett/g 15, Ballaststoffe/g 1,8

Lachsforellen kann man in kleinen Mengen zu Hause beizen, genauso wie Lachs, Forelle, Saibling und sogar Makrelen, wenn sie ganz frisch sind. Beim schwedischen Gravlax rechnet man je nach Größe des Fischfilets pro Person 3 bis 6 Scheiben. Bei Saibling, Makrele und kleinen Forellen 1 Filet.

Durch diese Art des Beizens gart der Fisch auf kaltem Weg. Konsistenz und Geschmack erinnern kaum noch an rohen Fisch. Lachs und große Lachsforellen brauchen im Kühlschrank 48 Stunden zum Reifen, Makrelen gut 1 Tag, Forellen brauchen 12 bis 24 Stunden. Die fertig gebeizten Fische können im Kühlschrank noch einige Tage aufgehoben werden.

Tip

Das Auslösen des Hummerfleisches wird ausführlich auf Seite 153 beschrieben und bebildert.

Salatplatte mit gekochtem Hummer

einfach, braucht Zeit
4 Portionen

- 2 gekochte, kleine Hummer

Vinaigrette

- 4 EL Sherryessig
- Salz
- frisch gemahlener weißer Pfeffer
- 8 EL Traubenkernöl
- 1 Bund glatte Petersilie
- 50 g frischer Kerbel
- 8 Stangen weißer Spargel
- 8 Stangen grüner Spargel
- Salz
- 150 g Keniabohnen
- 2-3 Sorten Blattsalat, je 1/2 Kopf, z.B. Eichblatt, Frisée, Lollo, Novita oder Batavia
- 1 Glas Hummerfond, 400 ml

Das Fleisch aus den Hummern lösen, die Schwänze in dünne Scheiben aufschneiden und die Darmstücke entfernen.

Für die Vinaigrette den Essig mit Salz und Pfeffer verrühren und das Traubenkernöl unterschlagen. Die Petersilie waschen, trockenschütteln und die Blätter fein hacken. Die Kerbelblättchen von den Stielen zupfen und grob hacken. Die Kräuter mit der Vinaigrette verrühren.

Den weißen Spargel schälen, die Enden abschneiden und die Stangen der Länge nach in nicht zu dünne Streifen schneiden. Von dem grünen Spargel lediglich die Enden abschneiden und die Stangen ebenfalls in Streifen schneiden. Salzwasser aufkochen und zunächst den weißen Spargel hineingeben. Nach 3 Minuten den grünen Spargel, und nach insgesamt 6 Minuten Kochzeit alle Spargelstreifen herausheben und sofort mit der vorbereiteten Vinaigrette marinieren.

Die Keniabohnen waschen, putzen und im Spargelwasser bißfest garen. Die Bohnen abtropfen lassen und ebenfalls in der Vinaigrette wenden.

Die Blattsalate putzen, waschen, trockenschütteln und die Blätter in gleichmäßige Stücke zupfen.

Den Hummerfond in einer Pfanne mit Deckel erhitzen, das Hummerfleisch einlegen, die Hitze abschalten und den Hummer in der geschlossenen Pfanne ziehen lassen.

Spargelstreifen und Keniabohnen aus der Vinaigrette heben und auf 4 Tellern anrichten. Die Blattsalate dazulegen. Die warmen Hummerstücke aus dem Fond heben und

auf den Salattellern anrichten.

Die restliche Vinaigrette mit 6 Eßlöffeln Hummerfond verrühren und über die Blattsalate träufeln.

Das Gericht sofort servieren.

Restlichen Hummerfond für eine Suppe oder Sauce verwenden.

Nährwerte pro Portion
Kilokalorien 360, Kilojoule 1530, Eiweiß/g 21, Kohlenhydrate/g 7 Fett/g 26, Ballaststoffe/g 4,2

Asiatische Gerichte leben von ihrer besonderen Gewürzmischung, die man nachvollziehen sollte. Wer Koriandergrün nicht mag, kann glatte Petersilie verwenden. Wenn Sie keine Fischsauce nehmen, müssen das Kochwasser der Garnelen und der Salat leicht gesalzen werden.

Garnelen-Mangosalat

einfach
4 Portionen

- 300 g rohe, ungeschälte Garnelenschwänze
- 1 nicht zu reife, feste Mango
- 6 rote Thai-Zwiebeln oder 2 rote Zwiebeln
- 50 g frische Ingwerwurzel
- 4 Knoblauchzehen
- 2 rote und 2 grüne Chilischoten
- 3 Stengel Koriandergrün
- 3 EL Fischsauce

Die Garnelenschwänze waschen, schälen, am Rücken aufschlitzen und die Därme entfernen.

Die Mango schälen, das Fleisch vom Kern lösen in dünne Scheiben, dann in Streifen und in Würfel schneiden. Die Zwiebeln abziehen und fein würfeln. Den Ingwer schälen, erst in dünne Scheiben, dann in feinste Streifen schneiden. Die Knoblauchzehen abziehen und fein hacken. Die Chilischoten waschen, putzen, aufschlitzen, entkernen und fein hacken. Den Koriander waschen, trockentupfen und die Blättchen abzupfen.

In einem Topf reichlich Wasser zum Kochen bringen. Die Garnelen 1 bis 2 Minuten im kochenden Wasser garen, dann abgießen und abtropfen lassen.

Zwiebeln, Knoblauch, Chilischoten und Fischsauce verrühren. Mit den Garnelen und den Mangowürfeln vermischen. Zuletzt den Ingwer und die Korianderblättchen unterziehen und den Salat vor dem Servieren 30 Minuten im Kühlschrank ziehen lassen.

Nährwerte pro Portion
Kilokalorien 139, Kilojoule 550, Eiweiß/g 13, Kohlenhydrate/g 15, Fett/g 2, Ballaststoffe/g 2,9

Burmesischer Garnelensalat

einfach
4 Portionen

- 2 EL getrocknete Wolkenohrpilze
- 400 g rohe, ungeschälte Garnelenschwänze
- Salz
- 3 Frühlingszwiebeln
- 2 Knoblauchzehen
- 4 zarte Zitronenblätter
- 1 große Limette
- 1-2 Messerspitze Chilipulver
- 2 EL Fischsauce

Die Pilze in warmem Wasser einweichen.

Die Garnelen waschen, schälen und die Därme entfernen. In einem Topf knapp mit heißem Wasser bedecken, 1/2 Teelöffel Salz einstreuen und die Garnelen bei schwacher Hitze 5 Minuten ziehen lassen. Dann abgießen und gut abtropfen lassen.

Die Frühlingszwiebeln waschen, putzen, erst in 5 cm lange Stücke und dann der Länge nach in feine Streifen schneiden. Die Knoblauchzehen abziehen und fein hacken. Die Zitronenblätter waschen, trockentupfen, eng zusammenrollen und in feinste Streifen schneiden.

Die gequollenen Pilze gründlich waschen, putzen und klein zerzupfen. Mit den anderen Salatzutaten mischen.

Die Limette ausdrücken und den Saft mit Chilipulver und Fischsauce verrühren. Die Marinade über den Salat träufeln und gut durchmischen. Eventuell mit mehr Limettensaft oder Chili abschmecken.

Nährwerte pro Portion
Kilokalorien 100, Kilojoule 410, Eiweiß/g 16, Kohlenhydrate/g 4, Fett/g 2, Ballaststoffe/g 1,0

Tip

Das Auslösen des Taschenkrebses wird ausführlich auf Seite 154 beschrieben.

Taschenkrebs-Salat

braucht Zeit
4 Portionen

- 4 gekochte Taschenkrebse, je ca. 700 g
- 1 Fleischtomate
- 2 Schalotten
- 2 Frühlingszwiebeln
- 2 Möhren
- 1 Fenchelknolle
- 1 Bund glatte Petersilie
- Saft von 1 Zitrone
- 1 EL milder Weinessig
- Salz
- frisch gemahlener weißer Pfeffer
- 6 EL Keimöl

Falls Sie lebende Taschenkrebse bekommen, müssen sie in sprudelnd kochendem Wasser getötet und weitere 30 Minuten köchelnd gegart werden.

Das Fleisch aus den gekochten Krebsen auslösen.

Die Tomate einritzen, kurz blanchieren und häuten. Die Tomate waagerecht aufschneiden, die Hälften entkernen und in Würfel schneiden.

Die Schalotten und die Frühlingszwiebeln putzen, abziehen und sehr fein hacken. Die Möhren schälen und fein reiben. Den Fenchel putzen, das Grün, wenn es frisch ist, zum Dekorieren verwenden. Den Fenchel sehr fein hacken. Alle Gemüse mit dem Krebsfleisch vermischen.

Die Petersilie waschen, trockenschütteln und die Blätter fein hacken.

Zitronensaft und Essig mit Salz und Pfeffer verrühren. Das Öl mit dem Schneebesen einschlagen bis die Sauce sämig ist. Die Sauce gründlich mit dem Salat vermischen und mit Salz und Pfeffer abschmecken. Den Salat vor dem Servieren 30 Minuten gut kühlen, dann durchmischen und in den Krebspanzern anrichten. Eventuell mit Corail und Fenchelgrün garnieren.

Nährwerte pro Portion
Kilokalorien 360, Kilojoule 1510, Eiweiß/g 32, Kohlenhydrate/g 8, Fett/g 19, Ballaststoffe/g 3,7

Meeresfrüchtesalat

einfach
4 Portionen

- 800 g Vongole veraci (Venusmuscheln oder kleine Miesmuscheln)
- 300 g ungeschälte, rohe Garnelenschwänze
- 300 g Filet von festem, weißen Fisch, z.B. Heilbutt, Kabeljau
- 1 Zitrone
- Salz
- 2 Schalotten
- 2 Knoblauchzehen
- 4 EL Öl
- 1/4 l trockener Weißwein

Marinade

- Salz
- frisch gemahlener weißer Pfeffer
- 1 Prise Chilipulver
- 1 Knoblauchzehe
- 1 Zitrone
- 8 EL Öl
- 1 Bund glatte Petersilie
- 1/2 Bund Minze
- 100 g Gemüsealgen

Die Muscheln in kaltes Wasser legen und das Wasser mehrfach wechseln. Die Garnelen bis auf die Schwanzflosse schälen und den Darm entfernen. Fischfilet und Garnelen kalt spülen, trockentupfen und ausbreiten. Die Zitrone auspressen und den Saft über Fisch und Garnelen träufeln. Schwach salzen.

Die Schalotten und den Knoblauch abziehen und grob hacken.

In einem weiten Topf mit Deckel das Öl erhitzen, Zwiebel und Knoblauch darin andünsten und mit dem Weißwein löschen. Den Sud aufkochen lassen und die gut abgetropften Muscheln und Garnelenschwänze einlegen. Den Deckel schließen und die Meeresfrüchte bei starker Hitze 3 bis 4 Minuten garen, dabei den Topf mehrfach rütteln.

Die Meeresfrüchte aus dem Sud heben und das Fischfilet einlegen. Im geschlossenen Topf bei schwacher Hitze etwa 5 Minuten garen, dann herausheben.

Den Fisch mit zwei Gabeln in mundgerechte Stücke zerteilen. Noch geschlossene Muscheln wegwerfen und die Hälfte der Muscheln aus der Schale lösen. Fisch und Meeresfrüchte in eine weite Schüssel legen und den Sud abseihen.

Für die Marinade Salz, Pfeffer und Chilipulver in eine kleine Schüssel geben. Die Knoblauchzehe abziehen und dazupressen. Den Saft von 1/2 Zitrone und 3 Eßlöffel Sud einrühren, bis sich das Salz gelöst hat. Das Öl mit einem Schneebesen unterschlagen.

Die Petersilie und die Minze waschen und trockenschütteln. Petersilienblätter und einige Minzeblätter sehr fein hacken und in die Marinade rühren. Die Gemüsealgen waschen, verlesen und mundgerecht zerteilen.

Die Marinade mit Zitronensaft und Gewürzen abschmecken und über den Meeresfrüchtesalat verteilen. Die Gemüsealgen zugeben und den Salat am besten 30 Minuten zugedeckt ziehen lassen.

Den Salat vor dem Servieren vorsichtig durchmischen, mit den restlichen Minzeblättchen garnieren und weißen Pfeffer frisch darübermahlen.

Nährwerte pro Portion
Kilokalorien 400, Kilojoule 1690, Eiweiß/g 34, Kohlenhydrate/g 6, Fett/g 27, Ballaststoffe/g 1,6

Kleine,

warme Gerichte

Spaghetti alle vongole

Blitzrezept
4 Portionen

- 1 kg frische Vongole veraci
- 1/4 l trockener Weißwein
- 1 mittelgroße Zwiebel
- 2-3 Knoblauchzehen
- 2 Bund glatte Petersilie
- 4 EL Olivenöl
- Salz
- 350 g Spaghetti
- 1 EL Zitronensaft
- grob gemahlener schwarzer Pfeffer

Die Muscheln gründlich unter fließendem, kalten Wasser waschen, eventuell abbürsten und bereits geöffnete Muscheln wegwerfen.

Den Weißwein in einem Topf aufkochen, die Muscheln zugeben, den Deckel schließen und die Muscheln 4 Minuten bei guter Hitze garen. Dabei mehrmals den Topf rütteln. Muscheln, die danach nicht geöffnet sind, wegwerfen. Die Muscheln aus dem Topf heben, den Sud durch ein feines Haarsieb abgießen und auffangen. Den Topf mit heißem Wasser spülen, die Muscheln wieder hineingeben und den Deckel schließen.

Die Zwiebel und die Knoblauchzehen abziehen und sehr fein hacken. Die Petersilie waschen, trockenschütteln und die Blätter hacken.

Das Olivenöl in einem Topf erhitzen und Zwiebel, Knoblauch und 2/3 der Petersilie darin andünsten. Den Muschelsud angießen und bei schwacher Hitze etwas einköcheln lassen.

Reichlich Salzwasser zum Kochen bringen und die Spaghetti in 6 bis 8 Minuten bißfest garen.

Die Sauce über die Muscheln gießen und mit ihnen vermischen. Mit Zitronensaft und reichlich frisch gemahlenem Pfeffer würzen und im geschlossenen Topf kurz erhitzen.

Die Spaghetti abgießen, gut abtropfen lassen und mit den Muscheln vermengen. Das Gericht in 4 vorgewärmten Suppentellern anrichten und die restliche gehackte Petersilie darüber streuen.

Nährwerte pro Portion
Kilokalorien 520, Kilojoule 2170, Eiweiß/g 22, Kohlenhydrate/g 66, Fett/g 15, Ballaststoffe/g 3,1

Spaghetti mit Garnelen

einfach, Blitzrezept
4 Portionen

- 500 g frische, ungeschälte Garnelen
- Salz
- 1 Lorbeerblatt
- 1/2 TL provenzalische Kräutermischung
- 1 EL Weinessig
- 2 Knoblauchzehen
- 1 Schalotte
- 3 EL Öl
- 4 reife Tomaten
- frisch gemahlener schwarzer Pfeffer
- 300 g Spaghetti
- 1/2 Bund glatte Petersilie

Die Garnelen waschen. Ausreichend Salzwasser zum Kochen bringen und die Garnelen mit dem Lorbeerblatt, den Kräutern und dem Essig 4 Minuten ziehen lassen.

Abgießen, schälen, der Länge nach halbieren und den Darm entfernen.

Die Knoblauchzehen und die Schalotte abziehen und fein würfeln. 2 Eßlöffel Öl erhitzen und die Würfel darin glasig andünsten.

Die Tomaten in kochendem Wasser brühen, enthäuten, entkernen, in kleine Würfel schneiden und hinzufügen. Die Sauce mit Salz und Pfeffer abschmecken.

Die Spaghetti nach Vorschrift kochen, abgießen und abtropfen lassen.

Die Garnelen in der Sauce noch einmal kurz erwärmen.

Die Petersilie waschen, trockenschütteln, fein hacken und unterrühren.

Zum Anrichten die Spaghetti mit der Sauce vermengen und sofort servieren.

Nährwerte pro Portion
Kilokalorien 530, Kilojoule 2240, Eiweiß/g 26, Kohlenhydrate/g 65, Fett/g 15, Ballaststoffe/g 4,0

Lachsnudeln mit Algen

einfach, Blitzrezept
4 Portionen

- 100 g Gemüsealgen
- 300 g Lachsfilet ohne Haut
- 200 ml Fischfond
- 300 g Tagliatelle
- Salz
- 250 g Butter
- geriebene Schale von 1/2 Zitrone
- 2 EL Sherry
- frisch gemahlener weißer Pfeffer

Die Gemüsealgen verlesen, harte Stiele entfernen, die Algen waschen und mundgerecht zerzupfen, dann auf einem Küchentuch ausbreiten.

Das Lachsfilet nach Gräten untersuchen und restliche Gräten mit einer Pinzette oder Zange herausziehen. Den Fischfond in einem kleinen Topf erhitzen, das Lachsfilet einlegen und bei schwacher Hitze etwa 5 Minuten pochieren, bis es gar ist. Den Lachs aus dem Sud heben und mit zwei Gabeln in mundgerechte Stücke zerteilen. Den Fischfond um die Hälfte einkochen lassen.

Die Tagliatelle in reichlich sprudelndem Salzwasser bißfest garen.

50 g Butterstückchen in eine vorgewärmte Schüssel geben, die Algen und den Lachs einlegen. Die Zitronenschale aufstreuen.

Die gut abgetropften Tagliatelle dazugeben und vorsichtig wenden.

Die restliche Butter flöckchenweise mit dem Pürierstab in den reduzierten Fischfond rühren. Mit Salz und Sherry abschmecken und die Sauce sofort mit den Nudeln vermengen. Weißen Pfeffer frisch darübermahlen.

Nährwerte pro Portion
Kilokalorien 850, Kilojoule 3570, Eiweiß/g 25, Kohlenhydrate/g 56, Fett/g 59, Ballaststoffe/g 5,4

Schwarze Nudeln mit Tintenfisch

einfach
4 Portionen

- 12 Moscardini oder kleinste, küchenfertige Tintenfische
- 2 Knoblauchzehen
- 1 Bund glatte Petersilie
- 4 EL Olivenöl
- Salz
- frisch gemahlener schwarzer Pfeffer
- 50 g Pinienkerne
- 300 g dünne schwarze Nudeln

Die Tintenfische waschen und ihre Säcke quer in Ringe schneiden. Den Kopf mit den 8 Fangarmen vierteln (nach Belieben den Oberkopf samt Maul wegschneiden).

Die Knoblauchzehen abziehen und fein hacken.

Die Petersilie waschen, trockenschütteln, von den Stengeln streifen und grob hacken.

Das Olivenöl in einer Pfanne stark erhitzen und die Moscardini darin 1 Minute unter ständigem Rühren dünsten. Die Hitze zurückschalten, Knoblauch und Petersilie einrühren und mit Salz und Pfeffer würzen. Die Mischung auf kleiner Hitze warm halten.

In einer zweiten, trockenen, heißen Pfanne die Pinienkerne goldgelb rösten.

Die Nudeln in sprudelndem Salzwasser nach Packungsanleitung bißfest kochen und abgießen. In der Pfanne mit den gewürzten Moscardini vermischen, mit den Pinienkernen bestreuen und sofort in 4 vorgewärmten Tellern servieren.

Nährwerte pro Portion
Kilokalorien 570, Kilojoule 2380, Eiweiß/g 31, Kohlenhydrate/g 56, Fett/g 21, Ballaststoffe/g 2,4

Chinesische Nudeln mit Garnelen, Huhn und Gemüse

einfach, braucht Zeit
4 Portionen

- 250 g Hühnerbrust ohne Knochen
- 100 g Bambussprossen
- 100 g Wasserkastanien
- 3 EL Sojasauce
- 3 EL halbtrockener Sherry
- 10 g getrocknete chinesische Pilze
- 2 Möhren
- 1 TL Ingwerpulver
- Salz
- frisch gemahlener Pfeffer
- 1/2 TL Glutamat
- 3 Frühlingszwiebeln
- 200 g Wurzelspinat
- 1 EL Öl
- 100 g Sojabohnenkeime
- 1/8 l Geflügelbrühe
- 250 g geschälte Garnelen
- 250 g frische chinesische Eiernudeln

Das Hühnerfleisch waschen, trockentupfen und in feine Streifen schneiden. Die Bambussprossen in schmale Streifen, die Wasserkastanien in dünne Scheiben schneiden.

Hühnerfleisch mit der Sojasauce und dem Sherry gut verrühren. Bambussprossen und Wasserkastanien zufügen.

Die Pilze in lauwarmem Waser nach Packungsanleitung einweichen.

Die Möhren putzen und in feine Streifen schneiden. Zum Hühnerfleisch geben. Alles mit Ingwerpulver, Salz, Pfeffer und Glutamat würzen und 30 Minuten marinieren.

Die Frühlingszwiebeln putzen und in feine Ringe schneiden. Den Spinat putzen, waschen und abtropfen lassen.

Die eingeweichten Pilze abschütten, abtropfen lassen und mit dem Spinat grob hacken.

Das Öl in einer tiefen Pfanne erhitzen. Die marinierte Hühnerfleischmischung darin anbraten. Frühlingszwiebeln und Sojabohnenkeime dazugeben. Die Fleischbrühe angießen. Alles 10 Minuten köcheln.

Dann die Garnelen, Pilze und Spinat zufügen. Bei kleiner Hitze weitere 5 Minuten garen.

Inzwischen die Eiernudeln in kochendem Salzwasser nach Packungsanleitung garen. Nudeln abgießen und abtropfen lassen.

Die Nudeln auf vier vorgewärmten Tellern anrichten und das Gemüse mit Huhn und Garnelen darüber verteilen.

Nährwerte pro Portion
Kilokalorien 490, Kilojoule 2060, Eiweiß/g 38, Kohlenhydrate/g 61, Fett/g 7, Ballaststoffe/g 5,0

Folienkartoffeln mit Kaviar

einfach
4 Portionen

- 4 große mehlige Kartoffeln
- 300 g Crème fraîche
- 4 EL saure Sahne
- Salz
- frisch gemahlener schwarzer Pfeffer
- 4 TL Kaviar

Die Kartoffeln gründlich waschen und bürsten, wieder abtrocknen, mehrfach einstechen, dann in Alufolie wickeln.

Bei 200°C im Backofen etwa 1 Stunde garen. Mit einem Metallspieß bereits nach 45 Minuten prüfen, ob die Kartoffeln durchgegart sind, sonst die Backzeit verlängern.

Inzwischen Crème fraîche und saure Sahne verrühren und mit Salz und Pfeffer abschmecken.

Die Kartoffeln auswickeln und kreuzweise einschneiden. Leicht zusammendrücken, um sie zu öffnen. Mit der Creme füllen und mit Kaviar krönen.

Nährwerte pro Portion
Kilokalorien 710, Kilojoule 3000, Eiweiß/g 24, Kohlenhydrate/g 81, Fett/g 37, Ballaststoffe/g 3,0

Meeresfrüchterisotto

einfach, braucht Zeit
2 Portionen

- 1 Schalotte oder 1/2 kleine Zwiebel
- 2 Knoblauchzehen
- 60 g Butter
- 160 g italienischer Rundkornreis
- etwa 3/4 l Fischfond
- 1/8 l trockener Weißwein
- Salz
- frisch gemahlener schwarzer Pfeffer
- 300 g Miesmuscheln
- 3 EL Olivenöl
- 8 rohe, ungeschälte Garnelen
- 1 Bund glatte Petersilie

Die Schalotte und 1 Knoblauchzehe abziehen und fein würfeln, in 1 Eßlöffel Butter in einem Topf glasig dünsten. Den Reis einrühren und unter ständigem Rühren glasig werden lassen.

Inzwischen den Fischfond aufkochen.

Den Wein zum Reis gießen, umrühren und den Wein verdampfen lassen. 2 bis 3 Schöpfkellen kochenden Fischfond angießen und den Reis rühren, bis er den Fond aufgesogen hat. Mit Salz und Pfeffer würzen. Dann nach und nach den Fond angießen und den Reis quellen lassen.

Inzwischen die Muscheln gründlich waschen und abbürsten. Bereits geöffnete Muscheln aussortieren und wegwerfen. 2 Eßlöffel Öl in einer Pfanne erhitzen, die zweite Knoblauchzehe abziehen, halbieren und dazugeben. Die Muscheln einrühren und im geschlossenen Topf bei starker Hitze so lange schwenken, bis alle geöffnet sind. Noch geschlossene Muscheln und den Knoblauch aussortieren. Die Muscheln warm halten. Das restliche Öl in der Pfanne erhitzen. Die Garnelen bis auf die Schwanzspitze schälen, am Rücken aufschlitzen und den Darm entfernen. Je nach Größe 3 bis 4 Minuten braten. Ebenfalls warm halten. Die Flüssigkeit, die sich in der Pfanne gesammelt hat, durch ein Sieb in den Risotto gießen.

Die Petersilie hacken, mit der restlichen Butter verrühren und zum Reis geben. Den größten Teil der Muscheln aus den Schalen lösen und untermischen. Mit den übrigen Muscheln und den Garnelen anrichten.

Nährwerte pro Portion
Kilokalorien 710, Kilojoule 3000, Eiweiß/g 24, Kohlenhydrate/g 81, Fett/g 37, Ballaststoffe/g 3,0

Hummerrisotto

einfach, braucht Zeit
2 Portionen

- 3 Frühlingszwiebeln
- 60 g Butter
- 160 g italienischer Rundkornreis
- etwa 3/4 l Hummerfond (Glas)
- 1/8 l trockener Weißwein
- Salz
- frisch gemahlener schwarzer Pfeffer
- 1 kleiner, gekochter Hummer, 500-600 g
- 1 Handvoll Kerbel

Die Frühlingszwiebeln waschen, putzen und den zarten Teil in Ringe schneiden.

1 Eßlöffel Butter in einem Topf zerlassen und die Frühlingszwiebeln darin andünsten. Die Zwiebeln herausheben und beiseite stellen. Den Reis einstreuen und unter ständigem Rühren glasig werden lassen.

Inzwischen den Hummerfond in einem anderen Topf aufkochen.

Den Wein zum Reis gießen, umrühren und den Wein verdampfen lassen. 2 bis 3 Schöpfkellen kochenden Hummerfond angießen und den Reis rühren, bis er den Fond aufgesogen hat. Mit Salz und Pfeffer würzen. Dann nach und nach den Fond angießen und den Reis quellen lassen.

Das Hummerfleisch auslösen und in mundgerechte Scheiben schneiden, siehe Seite 153. Die Scheren möglichst ganz lassen. Das Fleisch zum Aufwärmen in den restlichen Fond legen.

Den Kerbel verlesen, einige schöne Spitzen beiseite legen und den Rest grob hacken.

Der Risotto ist gar, wenn er cremig und „al dente“ ist, das heißt, die Reiskörner sind weich, aber nicht verkocht.

Die restliche Butter, die Frühlingszwiebeln und den gehackten Kerbel einrühren. Die Hummerstücke vorsichtig unterheben. Den Risotto auf 2 vorgewärmten Tellern anrichten, mit Kerbel und je einer Hummerschere garnieren.

Nährwerte pro Portion
Kilokalorien 620, Kilojoule 2600, Eiweiß/g 26, Kohlenhydrate/g 67, Fett/g 28, Ballaststoffe/g 2,6

Tip

Wie man die Hummer problemlos zerlegt, beschreibt die „Warenkunde Meeresfrüchte“ auf Seite 153.

Gekochter Hummer auf Hummersauce

braucht Zeit
4 Portionen

- 2 Hummer, à 600 g
- Salz
- 2 l Fischfond
- 300 g Schlagsahne
- 3 Möhren
- 1/4 Sellerieknolle
- 1 Stange Lauch
- 3 Schalotten
- 1 Knoblauchzehe
- 4 EL Öl
- 8 cl Cognac
- 2 EL Tomatenmark
- 200 ml Weißwein
- 200 g reife Tomaten
- 1 Zweig Thymian
- 1 Lorbeerblatt
- 3 Stengel Petersilie
- 1 kleiner Zweig Estragon
- 1 TL weiße Pfefferkörner

Die Hummer im sprudelnd kochenden Salzwasser nacheinander töten und gemeinsam bei schwacher Hitze 15 Minuten garziehen lassen. Dann das Scheren- und Schwanzfleisch ausbrechen und in 1/2 Liter kalten Fischfond legen, damit es saftig bleibt. Die Schalen sauber auswaschen und auf dem Blech im heißen Backofen trocknen. Dann klein zerstoßen.

Die restlichen 1,5 Liter Fischfond mit der Sahne auf 1 Liter einkochen.

Das Gemüse waschen, putzen, schälen und in große Stücke schneiden. Schalotten und Knoblauch abziehen und grob hacken.

Das Öl in einem großen, schweren Topf bis zum Rauchen erhitzen und die gestoßenen Hummerschalen darin anrösten. Das Gemüse, die Schalotten und den Knoblauch zugeben und ebenfalls unter Rühren anbraten.

Mit dem Cognac flambieren, das Tomatenmark einrühren und mit dem Weißwein ablöschen. Die Sauce einkochen lassen.

Die Tomaten waschen, grob hacken und zugeben. Die eingekochte weiße Fischsauce dazugießen und mit den Kräutern und den Pfefferkörnern würzen. Leicht salzen.

Die Sauce gut 2 Stunden köcheln lassen. Bei Bedarf noch Fischfond und/oder Sahne zugeben. Dann die Sauce passieren und auf ca. 400 ml einkochen. Mit Salz und Pfeffer abschmecken.

Zum Anrichten den Fischfond ohne Hummer erhitzen, das Hummerfleisch wieder einlegen und kurz erwärmen.

4 vorgewärmte Teller mit der Hummersauce ausgießen und das gut abgetropfte Hummerfleisch darauf anrichten.

Dazu passen kleine Salzkartoffeln und Zuckerschoten.

Nährwerte pro Portion
Kilokalorien 490, Kilojoule 2039, Eiweiß/g 21, Kohlenhydrate/g 6, Fett/g 38, Ballaststoffe/g 1,0

Hummer Thermidor

einfach
2 Portionen

- 1 gekochter Hummer, 800 g
- 100 ml Cognac
- 1 Schalotte
- 1 EL Butter
- 1 gehäufter EL Mehl
- 1/8 l Hummerfond aus dem Glas
- je 1 TL scharfer Senf und Tomatenmark
- Salz
- Cayennepfeffer
- 125 g Schlagsahne
- 40 g geriebener Emmentaler

Den Hummer der Länge nach halbieren. Aus den Körperhälften Magen und Darm entfernen. Das Hummerfleisch aus dem Körper und den Scheren auslösen und in Scheiben schneiden. Das Fleisch in eine Schüssel legen, mit dem Cognac beträufeln und 15 Minuten ziehen lassen.

Inzwischen die Schalotte abziehen und fein hacken.

In einer Kasserolle die Butter zerlassen und die Schalotte glasig dünsten. Das Mehl einrühren und goldgelb anschwitzen. Den Hummerfond unter Rühren angießen und 10 Minuten köcheln lassen. Die Sauce mit Senf, Tomatenmark, Salz und Cayennepfeffer abschmecken und vom Herd nehmen.

Die Schlagsahne halbsteif schlagen. Die Sahne in die Sauce einrühren und das Hummerfleisch untermischen. Die Hummerschalenhälften auswaschen, trockentupfen, mit dem Ragout füllen und nebeneinander in eine feuerfeste Form setzen. Mit dem Emmentaler bestreuen und unter dem vorgeheizten Grill im Backofen goldbraun gratinieren.

Zu Hummer Thermidor passen Reis und Zuckerschoten.

Nährwerte pro Portion
Kilokalorien 580, Kilojoule 2420, Eiweiß/g 36, Kohlenhydrate/g 10, Fett/g 34, Ballaststoffe/g 0,9

„Thermidor" war der „Hitzemonat" im Kalender der französischen Revolution vom 19. Juli bis 17. August. Das Gericht ist allerdings wenig revolutionär. Es hat seinen Namen eher von der Hummerhochsaison mitten im Sommer.

Wer einmal Krebse kochte, wird nie wieder Schwierigkeiten damit haben. Es sind nur wenige Regeln mit Rücksicht auf die Tiere zu beachten. Sie können die Krebse aber auch schon gekocht kaufen, dann müssen Sie diese nur noch im Sud aufwärmen.

Flußkrebse im Weinsud

einfach
4 Portionen

- 2 Zwiebeln
- 2 Knoblauchzehen
- 2 Möhren
- 2 Stangen Staudensellerie
- 1 Bund Dill
- 1 Bund glatte Petersilie
  je 1 Zweig Estragon und Basilikum
- 1 l trockener Weißwein
- 1 l kräftige Knochenbrühe, aus Rinder- und Kalbsknochen gekocht
- je 1 TL Kümmel, Fenchelsamen und weiße Pfefferkörner
- 1 TL Salz
- 24 Flußkrebse, je etwa 60-70 g

Die Zwiebeln abziehen und vierteln. Die Knoblauchzehen abziehen und halbieren. Die Möhren schälen und in 2 cm große Scheiben schneiden. Den Sellerie waschen, putzen und ebenfalls in Stücke schneiden. Die Kräuter im Bund waschen.

Wein, Brühe, vorbereitetes Gemüse und Kräuter zusammen mit Kümmel, Fenchel, Pfeffer und Salz in einem weiten Topf zum Kochen bringen. Den Sud einmal aufkochen, dann 30 Minuten bei milder Hitze köcheln lassen.

Inzwischen in einem großen, hohen Topf reichlich Salzwasser (etwa 5 Liter) aufkochen. Die Krebse von oben am Brustpanzer fassen und mit der Nase voran in das sprudelnde Wasser werfen. Mit Schwung, damit sie ganz untertauchen. Nach jedem Krebs sofort den Deckel schließen, damit das Wasser immer kocht. Auf diese Weise 4 bis 6 Krebse 1 bis 2 Minuten kochen, dann mit der Schaumkelle herausheben.

Im vorbereiteten Sud 5 Minuten garziehenlassen und zunächst je 2 Krebse servieren. Zur letzten Portion wird der Sud durch ein Sieb gegossen in Tassen serviert und getrunken.

Krebse ausbrechen: Den Brustpanzer mit der einen, den Schwanz mit der anderen Hand greifen und durch eine drehende Bewegung voneinander lösen. Die Schwanzflosse mit Daumen und Zeigefinger fest greifen, vorsichtig drehen und den anhängenden Darm aus dem Schwanzfleisch ziehen. Falls er abreißt, schneiden Sie ihn aus dem geschälten Schwanz.

Den Panzer an den Nahtstellen der dünneren Unterseite mit den Daumen aufbrechen. Danach kann das Fleisch einfach herausgenommen werden.

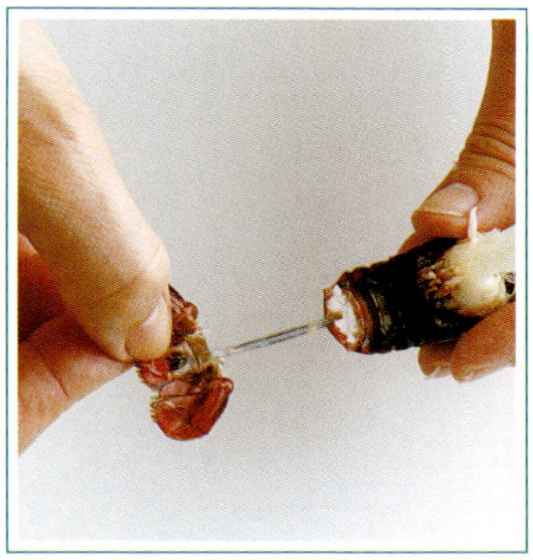

Die Scheren mit einer Drehbewegung vom Brustpanzer lösen, ebenso die einzelnen Glieder der Scheren auseinanderziehen. Den Panzer der dickeren, vorderen Schere mit der Krebszange (Nußknacker) knacken, um das Fleisch herauszuziehen. Die anderen Glieder aussaugen.

Nährwerte pro Portion
Kilokalorien 430, Kilojoule 1410, Eiweiß/g 37, Kohlenhydrate/g 11, Fett/g 10, Ballaststoffe/g 0

Fritierte Meeresfrüchte

einfach, Blitzrezept
4 Portionen

Teig
- 120 g Mehl
- 150 ml lauwarmes Wasser
- 1/2 TL Salz
- 2 EL Öl
- 1 Eiweiß

- 1 l Öl zum Fritieren
- 8 rohe, ungeschälte Garnelenschwänze
- 400 g gemischte Tintenfische
- 16 Sardellen
- Salz
- frisch gemahlener Pfeffer
- 2 Bund krause Petersilie
- 2 Zitronen

Aus Mehl, Wasser, Salz und Öl einen Teig rühren. Das Eiweiß halbsteif schlagen und unterziehen.

Das Öl in einer Friteuse auf 175°C erhitzen.

Die Garnelenschwänze schälen, am Rücken einschneiden und entdarmen. Alle Tintenfische, falls sie nicht schon abgezogen sind, häuten. Die kleinen Tintenfische der Länge nach halbieren, die Körpersäcke der Calamari quer in Ringe schneiden. Die Sardellen waschen und alle Meeresfrüchte gut auf Küchenpapier trocknen.

Wenn das Öl heiß ist, die Meeresfrüchte salzen und pfeffern. Jedes Teil einzeln durch den Teig ziehen und die gesamte Menge in 4 bis 5 Portionen fritieren. Je nach Größe brauchen die Meeresfrüchte 3 bis 5 Minuten.

Die gebackenen Meeresfrüchte aus dem Öl heben und auf Küchenpapier abtropfen lassen. Dann die trockene krause Petersilie ohne Stiele in das Öl werfen und sofort wieder herausheben.

Die Meeresfrüchte mit der fritierten Petersilie und mit Zitronenspalten garnieren und sofort auftragen.

Nährwerte pro Portion
Kilokalorien 403, Kilojoule 1690, Eiweiß/g 34, Kohlenhydrate/g 25, Fett/g 16, Ballaststoffe/g 1,0

Meeresfrüchtespieße

einfach, Blitzrezept
4 Portionen

- 2 Knoblauchzehen
- Salz
- 1 Messerspitze Cayennepfeffer
- Saft von 1/2 Zitrone
- 4 EL Öl
- 16 rohe, ungeschälte Garnelenschwänze
- Fleisch von 8 Jakobsmuscheln
- 8 Seppioline (winzige Tintenfische)

Die Knoblauchzehen abziehen und pressen. Mit etwas Salz, Cayennepfeffer und Zitronensaft verrühren. Zuletzt das Olivenöl unterschlagen.

Die Garnelenschwänze schälen und nur die Schwanzflosse stehenlassen. Schwänze am Rücken einritzen und entdarmen. Von den Jakobsmuscheln alle dunklen Stellen wegschneiden, aber den Rogensack am Muschelkörper lassen. Die ausgenommenen, gehäuteten Tintenfische nach Belieben mit oder ohne Kopf verwenden.

Auf 8 Spieße jeweils 1 Garnelenschwanz, 1 Tintenfisch, 1 Jakobsmuschel und wieder 1 Garnelenschwanz stecken. Die Spieße in eine tiefe Platte legen und mit der Marinade überziehen. 30 Minuten marinieren und mehrmals wenden.

Die Spieße in einer gut geölten Grillpfanne bei mittlerer Hitze auf jeder Seite 3 bis 4 Minuten garen und dabei immer wieder mit der restlichen Marinade bestreichen. Oder die Spieße samt Marinade auf Alufolie in ein Backblech legen und unter dem Infragrill im Backofen garen.

Die Meeresfrüchtespieße sofort servieren, eventuell mit frischem Seetang oder Algen garnieren und Ailloli dazu reichen.

Nährwerte pro Portion
Kilokalorien 4270, Kilojoule 11150, Eiweiß/g 25, Kohlenhydrate/g 4, Fett/g 17, Ballaststoffe/g 0

Das Auslösen frischer Jakobsmuscheln wird auf Seite 158 beschrieben.

Gebratene Scampi auf Rucola

einfach, Blitzrezept
4 Portionen

- 12 rohe, ungeschälte Scampischwänze (oder große Garnelen)
- 2 Knoblauchzehen
- 2 frische rote Chilischoten
- 2 Bund Rucola (Salatrauke)
- 4 EL Olivenöl
- Salz
- 4 EL Weißwein

Die Scampischwänze mit einer Schere am Rücken aufschneiden, aus den Schalen lösen und die Därme entfernen.

Die Knoblauchzehen abziehen und sehr fein hacken. Die Chilischoten putzen, der Länge nach halbieren, entkernen und ebenfalls fein hacken.

Die Rucola verlesen, waschen, trockenschütteln und in mundgerechte Stücke zupfen. 4 Teller mit der Rucola auslegen.

Das Olivenöl in einer weiten Pfanne erhitzen und die Scampi darin 3 Minuten unter Wenden braten, leicht salzen. Knoblauch und Chili zugeben und bei mittlerer Hitze eine weitere Minute braten. Dabei laufend rühren, damit nichts schwarz wird. Den Weißwein angießen, einmal aufkochen und die Pfanne vom Herd nehmen.

Je 3 Scampischwänze auf ein Rucola-Bett legen und den Bratfond gleichmäßig darüber verteilen.

Das Gericht sofort servieren und Weißbrot dazu reichen.

Nährwerte pro Portion
Kilokalorien 260, Kilojoule 1090, Eiweiß/g 24, Kohlenhydrate/g 3, Fett/g 14, Ballaststoffe/g 0,4

Bruschetta mit Garnelen und Oliven

einfach, Blitzrezept
4 Portionen

- 16 rohe Garnelenschwänze
- 4 kleine Knoblauchzehen
- 2 scharfe güne Chilischoten (peperoncini)
- 12 entkernte schwarze Oliven
- 8 reife Cocktailtomaten
- 8 EL Olivenöl
- 100 ml Weißwein
- 1 TL getrockneter Oregano
- 1/2 TL Salz
- 4 Scheiben Weißbrot

Die Garnelenschwänze bis auf die Schwanzflosse schälen, den Rücken einschneiden und den Darm entfernen. Die Garnelen waschen und auf Küchenpapier trockentupfen.

Den Knoblauch abziehen und fein hakken. Die Chilischoten putzen, entkernen und ebenfalls fein hacken. Die Oliven in Viertel schneiden, bzw. grob hacken. Die Cocktailtomaten waschen, vierteln und dabei den Stielansatz entfernen.

4 Eßlöffel Olivenöl in einer großen Pfanne erhitzen. Knoblauch und Chilischoten andünsten und die Garnelenschwänze zugeben. Einmal wenden, Oliven und Tomaten einrühren. Mit dem Weißwein ablöschen, salzen und den Oregano untermischen. Das Gericht bei kleiner Hitze kurz ziehen lassen.

Bruschetta: Die Weißbrotscheiben mit dem restlichen Olivenöl bestreichen und auf beiden Seiten in der trockenen, heißen Grillpfanne rösten. Die Brotscheiben auf 4 vorgewärmte Teller verteilen, das Garnelenragout abschmecken und auf die Bruschetta häufen. Die Garflüssigkeit aus der Pfanne gleichmäßig verteilen.

Nährwerte pro Portion
Kilokalorien 450, Kilojoule 1890, Eiweiß/g 23, Kohlenhydrate/g 17, Fett/g 29, Ballaststoffe/g 1,5

Garnelen mit Wurzelspinat

einfach, Blitzrezept
4 Portionen

- 400 g rohe, ungeschälte Garnelenschwänze
- 500 g Wurzelspinat (ersatzweise Brunnenkresse)
- 3 Schalotten
- 3 Knoblauchzehen
- 3 EL Öl
- Salz
- 2 EL Fischsauce

Die Garnelenschwänze waschen, schälen, am Rücken aufschlitzen und die Därme entfernen.

Den Spinat gründlich waschen, grobe Stiele entfernen und die Blätter in große Stücke zupfen.

Die Schalotten und den Knoblauch abziehen. Die Schalotten in feine Ringe schneiden. Die Knoblauchzehen der Länge nach halbieren und quer in feine Scheiben schneiden.

Das Öl im Wok erhitzen und die Schalotten bei schwacher Hitze kurz andünsten. Die Garnelen einrühren, mit etwas Salz und der Fischsauce würzen und 2 Minuten unter Rühren braten.

Die Hitze hoch stellen, den abgetropften Spinat zugeben und mit den Garnelen vermischen. Den Knoblauch zugeben und rühren, bis der Spinat zusammenzufallen beginnt. Sofort servieren.

Nährwerte pro Portion
Kilokalorien 190, Kilojoule 790, Eiweiß/g 189, Kohlenhydrate/g 2, Fett/g 11, Ballaststoffe/g 3,2

Tip

Ein ebenso einfaches wie leckeres Gericht aus der burmesischen Küche. Hervorragend als Vorspeise oder schneller Happen geeignet.

Gegrillte Garnelen mit Sauce Rouille

einfach
4 Portionen

- Je nach Größe 12-16 rohe, ungeschälte Garnelenschwänze
- 2 Knoblauchzehen
- je 1 Messerspitze Salz und Chilipulver
- 4 EL Olivenöl

Die Garnelenschwänze vom Rücken her einschneiden und halbieren, ohne die Unterseite durchzuschneiden. Die Hälften aufklappen und den Darm entfernen.

Die Knoblauchzehen abziehen und sehr fein hacken oder pressen. Mit Salz, Chilipulver und Öl gründlich verrühren.

Die Garnelenschwänze auf ein Backblech legen und mit der Marinade bestreichen.

Den Infragrill im Backofen vorheizen und die Garnelen auf der zweiten Schiene von oben ca. 5 Minuten grillen. Zur Garprobe eine besonders fleischige Garnele anschneiden. Die Schwänze sollen gegart, aber nicht trocken sein.

Dazu paßt Sauce Rouille oder Ailloli, siehe Seite 134 und 135.

Nährwerte pro Portion
Kilokalorien 130, Kilojoule 530, Eiweiß/g 12, Kohlenhydrate/g 0, Fett/g 9, Ballaststoffe/g 0

Coquilles Saint Jacques

einfach
2 Portionen

- 800 g ganze Jakobsmuscheln (oder 200 g TK Muschelfleisch)

Sud
- 1/8 l Weißwein
- 1 Kräutersträußchen aus: 1 Zweig Thymian, 1 Petersilienstengel, 1 Zweig Estragon und etwas Kerbel
- 1 TL Pfefferkörner
- 1/2 TL Salz

Sauce Hollandaise
- 2 Eigelb
- 1 TL Zitronensaft
- 80 g Butter
- Salz
- frisch gemahlener weißer Pfeffer
- 1/2 Bund Petersilie

Die Muscheln unter fließend kaltem Wasser gut bürsten.

Muscheln, die bereits vor dem Kochen offen sind, dürfen nicht verwendet werden. Die Muscheln roh aus den Schalen lösen oder 200 g tiefgefrorenes Muschelfleisch verwenden.

Alle Zutaten für den Sud mit 100 ml Wasser 10 Minuten kochen. Die Hitze abschalten und die Muscheln im Sud einige Sekunden zugedeckt pochieren.

Die Muscheln aus dem Sud heben, abtropfen lassen und in 2 Schalenhälften verteilen.

Die Sauce Hollandaise herstellen. Dafür Eigelb, Zitronensaft und 1 Teelöffel Wasser verquirlen. Die Butter klären und möglichst heiß unter die Eimischung schlagen. Mit Salz und Pfeffer würzen.

Die Petersilie waschen, tockenschütteln, hacken und einrühren. Die Muscheln damit überziehen.

Nährwerte pro Portion
Kilokalorien 410, Kilojoule 1710, Eiweiß/g 11, Kohlenhydrate/g 5, Fett/g 36, Ballaststoffe/g 0

Das Auslösen frischer Jakobsmuscheln wird auf Seite 158 beschrieben.

Petersfisch mit feiner Kruste

einfach, Blitzrezept
4 Portionen

- 4 Filets vom Petersfisch, je ca. 180 g
- Salz
- 80 g weiche Butter
- 1/2 Bund glatte Petersilie
- 1 Stengel Estragon
- 30 g Weißbrotbrösel
- 30 g Pinienkerne
- frisch gemahlener Pfeffer
- fein geriebene Schale von 1/2 Zitrone
- 400 ml Fischfond (Glas)

Garnitur
- 1/2 Bund glatte Petersilie
- 1 große, feste Strauchtomate
- 60 g kalte Butter

Die Fischfilets mit Küchenpapier trockentupfen und schwach salzen.

Die Butter in einem Schüsselchen kurz rühren. Petersilie und Estragon waschen, trockenschütteln und fein hacken. Die Kräuter und die Weißbrotbrösel zur Butter geben. Die Pinienkerne mahlen oder sehr fein hacken und ebenfalls zugeben. Mit Salz, Pfeffer und Zitronenschale abschmecken. Diese Würzpaste auf die Fischfilets streichen.

Eine nicht zu große, flache feuerfeste Form wählen, in die die Fischfilets nebeneinander hineinpassen. Den Fischfond in die Form gießen, die Filets einlegen und im Backofen unter dem vorgeheizten Grill etwa 5 Minuten garen.

Achtung: Der Fond darf nicht kochen, sonst wird der Fisch zu fest und trocken.

Für die Garnitur die Petersilie waschen, trockenschütteln und die Blätter von den Stengeln zupfen. Die Tomate blanchieren, häuten, entkernen und in kleine Würfel schneiden. 10 g von der Butter abnehmen, zerlassen und Petersilie, Tomatenwürfel und Pinienkerne darin anbraten. Die Garnitur beiseite stellen.

Die gegarten Fischfilets aus dem Fond heben, auf einem Küchentuch kurz abtropfen lassen und auf vorgewärmte Teller setzen.

100 ml Fischfond in eine kleine Stielkasserolle geben und die restliche, kalte Butter flöckchenweise mit dem Pürierstab einarbeiten. Die Garnitur mit der Sauce vermischen und die Filets auf den Tellern damit umgießen.

Nährwerte pro Portion
Kilokalorien 600, Kilojoule 2520, Eiweiß/g 36, Kohlenhydrate/g 6, Fett/g 49, Ballaststoffe/g 1,8

Hechtklößchen mit Hummersauce

braucht Zeit, zum Einfrieren
4 Portionen

Klößchen
- 500 g Hechtfleisch von einem gut 1 kg schweren Hecht, ausgelöst
- 1 TL Salz
- 1/4 TL frisch gemahlener weißer Pfeffer
- 3 Eiweiß
- 350 g Schlagsahne

- 1 große Dose Hummercremesuppe, 800 g
- 200 g Crème double
- 1 EL Tomatenmark
- Salz
- frisch gemahlener weißer Pfeffer
- 2 EL weißer Wermut (Noilly Prat) oder Sherry

Sud
- 1,5 l Fischfond
- 1/2 l Weißwein

Das ausgelöste Hechtfleisch gut kühlen und dann in Streifen schneiden, salzen und pfeffern.

Den Fisch portionsweise pürieren (z.B. in der Moulinette) und dabei das Eiweiß nach und nach zugeben. Die Masse kühlen, dann durch ein Sieb in eine gekühlte Schüssel streichen und die Sahne einrühren. 1 Stunde im Kühlschrank ruhen lassen.

Die Hummercremesuppe aus der Dose abseihen und mit der Crème double und dem Tomatenmark auf etwa 400 ml einkochen. Mit Salz, Pfeffer und Wermut oder Sherry abschmecken.

Den Fischfond mit dem Weißwein aufkochen. Mit 2 Dessertlöffeln oder 2 kleinen Suppenlöffeln Klößchen von der Fischmasse stechen und formen. Die Klößchen im Sud 8 bis 10 Minuten ziehen lassen (Probeklößchen!). Die Hechtklößchen mit der heißen Hummersauce auf vorgewärmten Tellern anrichten.

Dazu paßt gedämpfter Wildreis oder eine Langkorn-Wildreismischung.

Nährwerte pro Portion
Kilokalorien 750, Kilojoule 3130, Eiweiß/g 38, Kohlenhydrate/g 9, Fett/g 56, Ballaststoffe/g 0,9

Tip

Anstelle von Hummersauce paßt Safransauce oder Sauce Normande, siehe Seite 131.

Forellenklößchen mit Spargelragout

braucht Zeit
4 Portionen

Klößchen
- 600 g ausgelöste Filets von der Lachsforelle ohne Haut
- 1 gestrichener TL Salz
- 1/4 TL weißer Pfeffer
- 3 Eiweiß
- 350 g Schlagsahne

Sud
- 1,5 l Brühe, am besten Fischfond
- 1/2 l Weißwein

Spargelragout
- 750 g weißer Spargel
- 1/4 l Brühe
- 250 g Zuckerschoten
- 30 g Butter
- Salz
- 1 TL Zucker
- 1 EL Zitronensaft

Sauce
- 30 g Butter
- 30 g Mehl
- 200 ml Spargelbrühe
- 100 g Schlagsahne
- 150 g Crème fraîche
- Salz
- frisch gemahlener weißer Pfeffer
- abgeriebene Schale von 1/2 unbehandelten Zitrone
- 2 EL Noilly Prat (trockener, weißer Wermut) oder 4 EL Weißwein
- 1 Eigelb

Das gut gekühlte Forellenfilet in Streifen schneiden, salzen und pfeffern. Portionsweise pürieren (zum Beispiel in der Moulinette) und dabei das Eiweiß nach und nach zugeben. Die Masse kühlen, durch ein Sieb in eine gekühlte Schüssel streichen und die Sahne einrühren. Die Klößchenmasse zugedeckt 1 Stunde im Kühlschrank ruhen lassen. In diesem Stadium kann sie auch eingefroren werden.

Den Spargel waschen und schälen. Die Spargelstangen in Stücke schneiden, die Köpfe beiseite legen.

Die Spargelschalen in der Brühe im geschlossenen Topf 20 Minuten köcheln lassen. Die Brühe durch ein feines Sieb gießen und aufbewahren.

Die Zuckerschoten waschen, Stielansätze und mögliche Fäden abziehen.

Die Spargelstücke in der zerlassenen Butter bei schwacher Hitze andünsten. 1/8 Liter Spargelbrühe zugießen, mit wenig Salz, Zucker und Zitronensaft würzen. Den Spargel zugedeckt 10 Minuten dünsten, zwischendurch einmal wenden.

Die Spargelköpfe und die Zuckerschoten

zugeben. Die restliche Spargelbrühe angiessen und das Ragout weitere 5 Minuten dünsten. Das Gemüse mit einer Schaumkelle aus der Brühe heben und zugedeckt warm halten. Die Brühe für die Sauce verwenden.

Den Sud für die Forellenklößchen aufkochen und dann auf kleine Hitze schalten. Mit zwei nassen Suppenlöffeln Klöße aus der Forellenfarce formen und im Sud etwa 10 Minuten ziehen lassen.

Für die Sauce 30 g Butter in einem Topf zerlassen. Das Mehl darin hell anschwitzen und mit Spargelbrühe und Schlagsahne aufgießen. Dabei mit dem Schneebesen kräftig rühren. Die Crème fraîche zugeben, mit Salz, Pfeffer und geriebener Zitronenschale würzen und die Sauce auf mittlerer Hitze 5 Minuten köcheln lassen.

Noilly Prat oder Weißwein mit dem Eigelb verrühren. Die Sauce mit dem Pürierstab schaumig aufschlagen und dabei das Eigelb einlaufen lassen.

Die Sauce vom Herd nehmen und 4 vorgewärmte Teller damit ausgießen. Die Forellenklößchen und das Gemüse darauf anrichten.

Nährwerte pro Portion
Kilokalorien 910, Kilojoule 3800, Eiweiß/g 41, Kohlenhydrate/g 18, Fett/g 69, Ballaststoffe/g 2,8

Junge Matjes-heringe mit Bohnen und Speck

einfach, Blitzrezept
4 Portionen

- 750 g grüne Bohnen
- Salz
- 2 Stengel Bohnenkraut
- 150 g durchwachsener Speck
- 2 Zwiebeln
- 1 EL Butter
- 1 Bund Petersilie
- 8 Matjesfilets

Die Bohnen putzen, brechen und in wenig Wasser mit Salz und dem Bohnenkraut in 10 bis 12 Minuten garen.

Den Speck in kleine Würfel schneiden. Die Zwiebeln abziehen und eine davon fein hacken. Die Speckwürfel bei kleiner Hitze ausbraten, die Zwiebel zugeben und goldgelb braten.

Die Bohnen mit der Butter verfeinern und mit der gehackten Petersilie bestreuen.

Die Matjesfilets waschen, trockentupfen und auf gestoßenem Eis auf einer Platte anrichten.

Die zweite Zwiebel in Ringe schneiden und auf die Filets verteilen.

Dazu schmecken neue Kartoffeln, als Salz- oder Pellkartoffeln gekocht.

Nährwerte pro Portion
Kilokalorien 540, Kilojoule 2270, Eiweiß/g 43, Kohlenhydrate/g 43, Fett/g 18, Ballaststoffe/g 6,2

Bismarckheringe Hausfrauenart

Heringe 2 Tage marinieren

einfach, braucht Zeit
4 Portionen

- 8 Filets von Salzheringen
- 2 Zwiebeln
- 2 Gewürzgurken
- 2 rote Äpfel
- 300 g saure Sahne
- 200 g Naturjoghurt
- 2 EL Weinessig
- 6 Pfefferkörner
- 6 Senfkörner
- Salz
- 1 Prise Zucker
- 1 Lorbeerblatt
- 1 Bund Dill

Die Heringsfilets 5 Stunden wässern. Dann die Filets aus dem Wasser heben und abtropfen lassen.

Die Zwiebeln abziehen und in dünne Ringe hobeln. Die Gewürzgurken in Scheiben schneiden.

Die Äpfel schälen, vierteln und das Kerngehäuse entfernen. Die Apfelspalten in dünne Scheiben schneiden. Die Heringe, Zwiebeln, Gewürzgurken und Äpfel in eine Schüssel schichten.

Für die Marinade saure Sahne, Joghurt und Weinessig verrühren. Pfeffer- und Senfkörner, Salz, Zucker und das Lorbeerblatt zufügen. Die Marinade über die Heringe gießen. Zugedeckt an einem kühlen Ort 2 Tage ziehen lassen.

Den Dill waschen, trockenschütteln und fein hacken. Vor dem Servieren über die Bismarckheringe streuen.

Als Beilage passen Pellkartoffeln.

Nährwerte pro Portion
Kilokalorien 330, Kilojoule 1380, Eiweiß/g 17, Kohlenhydrate/g 14 Fett/g 20, Ballaststoffe/g 2,5

Suppen und Eintöpfe

Diese provenzalische Spezialität war ursprünglich der Eintopf der Fischer. Seine Zusammensetzung variierte je nach dem täglichen Fangergebnis. In manchen Orten wurde sie mit gekochten Kartoffeln serviert. Erst die Stadtköche verfeinerten die Bouillabaisse mit Krustentieren. Die bekannteste Zubereitungsart ist heute die Bouillabaisse aus Marseille. Man kann Suppe und Fisch nach dem Garen getrennt reichen. Jedenfalls aber bleiben Fisch und Krustentiere ganz oder zumindest in großen Stücken. Für den Genuß dieses feinen Gerichts muß man schon ein wenig arbeiten! Dazu schmecken Sauce Rouille und Knoblauchcroûtons.

Bouillabaisse

braucht Zeit
4 Portionen

- 1 kleiner Hummer, ca. 500 g
- 300 g Rascasse
- 150 g Knurrhahn
- 150 g Seeteufel
- 150 g Heilbutt (oder Merlan, Kabeljau, Seezunge, Goldbarsch - kein Lachs oder anderer fetter Fisch)
- 2 rohe Garnelen
- 2 rohe Scampi
- 50 g Lauch
- 1 kleine Zwiebel
- 2 kleine Tomaten
- 1 Knoblauchzehe
- 1/4 Fenchelknolle
- 1/2 Bund glatte Petersilie
- 1 Zweig Thymian
- 1 Lorbeerblatt
- 1 Stück getrocknete Orangenschale
- 4 EL Olivenöl
- Salz
- frisch gemahlener weißer Pfeffer
- 2 g gestoßener Safran
- 2-3 EL Pernod oder Noilly Prat
- ca. 3/4 l Fischbrühe: Abschnitte der obigen Fische oder vom Fischhändler Abschnitte mitgeben lassen.
- 1 kleines Bund Suppengrün
- Salz
- 1 TL Pfefferkörner
- 350 ml trockener Weißwein
- 1/2 l Wasser

In einem großen Topf reichlich Wasser zum Kochen bringen. Den Hummer mit dem Kopf voran in das sprudelnde Wasser werfen, Topfdeckel schließen und den Hummer 2 Minuten bei voller Hitze kochen. Das Hummerfleisch soll roh bleiben! Hummer herausheben, kalt spülen und der Länge nach halbieren. Die Innereien hinter dem Kopf entfernen.

Alle Fische in große, gleichmäßige Stücke teilen.

Für die Fischbrühe die Abschnitte und alle genannten Zutaten in einem Topf aufkochen, 10 Minuten köcheln lassen und weitere 15 Minuten ohne Hitze im zugedeckten Topf ziehen lassen. Dann abseihen.

Die geputzten Gemüse wie folgt schneiden: Lauch in Ringe, Zwiebel fein hacken, Tomaten entkernen und würfeln, Knoblauch in Stifte schneiden, Fenchel in dünne Scheiben. Kräuter waschen und etwas zerzupfen. Gemüse, Kräuter und Gewürze bis einschließlich Orangenschale in eine große Kasserolle geben. Auf dieses Bett alle Fische und Meeresfrüchte legen, mit 2 Eßlöffel Olivenöl beträufeln und mit Salz, Pfeffer und Safran bestäuben. Den Topf zudecken und mindestens 2, besser 4 bis 5 Stunden kühlstellen.

Danach Fische und Meeresfrüchte herausheben und trennen. Die abgeseihte Fischbrühe zum Gemüse gießen, miteinander aufkochen und 7 bis 8 Minuten köcheln lassen.

Inzwischen in einer großen Bratpfanne 2 Eßlöffel Olivenöl erhitzen und alle Krustentiere bei starker Hitze rundherum anbraten.

Die Hitze unter der Suppe reduzieren und zunächst die Fischstücke einlegen. Sie sollen schonend garen. Nach 4 bis 5 Minuten die Krustentiere einlegen und das Gericht weitere 5 Minuten ziehen lassen.

In einer tiefen Servierplatte Fisch und Krustentiere anrichten. Die Fischsuppe mit Pernod oder Noilly Prat und eventuell noch etwas Salz und Pfeffer abschmecken. Über der Fischplatte durch ein feines Sieb passieren. Sie können die Fische damit auch nur befeuchten und die Suppe getrennt zur Platte mit Knoblauchcroûtons und Sauce Rouille servieren, siehe Seite 135.

Nährwerte pro Portion
Kilokalorien 1400, Kilojoule 5700, Eiweiß/g 60, Kohlenhydrate/g 14, Fett/g 110, Ballaststoffe/g 4,0

Kanarischer Fischtopf

einfach
4 Portionen

- 500 g Miesmuscheln
- 2 Bund Petersilie
- 2 Knoblauchzehen
- 1 l Fischbrühe oder 3 Gläser Fischfond
- Salz
- frisch gemahlener Pfeffer
- 250 g Tintenfischringe
- 500 g Fischkoteletts von verschiedenen Meeresfischen: z.B. Kabeljau, Wolfsbarsch, Heilbutt oder Goldbrasse
- 250 g Surimi-Stäbchen
- 250 g gekochte Garnelen

Die Miesmuscheln waschen und bürsten. Die Petersilie waschen und feinhacken. Die Knoblauchzehen abziehen und pressen.

Die Fischbrühe erhitzen, die Hälfte der Petersilie und Knoblauch zugeben und kräftig mit Salz und Pfeffer abschmecken. Die Tintenfische und die Fischkoteletts in die Suppe legen und 5 Minuten ziehen lassen.

Inzwischen das Öl in einer Pfanne erhitzen, die Miesmuscheln einlegen, den Deckel schließen und die Muscheln etwa 3 Minuten schmoren. Dabei die Pfanne rütteln. Wenn alle Muscheln geöffnet sind, die Muscheln samt Sud in die Suppe geben.

Die Surimi-Stäbchen halbieren, einlegen und zuletzt die Garnelen unter das Gericht mischen. Mit der restlichen Petersilie bestreuen.

Nährwerte pro Portion
Kilokalorien 240, Kilojoule 1000, Eiweiß/g 49, Kohlenhydrate/g 1, Fett/g 5, Ballaststoffe/g 0,0

Tip

Dieser Fischtopf ist die schnelle Version einer aufwendigen Bouillabaisse, schmeckt aber ausgezeichnet. Man kann auch tiefgefrorene Fischfilets, Garnelen oder Muscheln verwenden.
1l Fischbrühe aus Fischabfällen herstellen oder Fertigfond in Gläsern verwenden, was allerdings kostspieliger ist.

Tip

Wird das Gericht im Rahmen eines Menüs gereicht, kann man das Einkochen der Suppe und das Vorbereiten der Meeresfrüchte schon viele Stunden im voraus erledigen. Die Meeresfrüchte im Kühlschrank aufbewahren. Die Suppe vor dem Servieren erhitzen, mit den Einlagen vermischen und servieren.

Alternative Zutaten:
Statt grüner Kokosnüsse 200 ml ungesüßte Kokosmilch aus der Dose verwenden. Vom Fleisch einer halben frischen Kokosnuß feinste Streifen mit dem Sparschäler abziehen.
Statt Gemüsealgen Keniabohnen oder grünen Spargel verwenden. Beide Gemüse kurz in kochendem Wasser blanchieren, ehe sie in die Suppe eingelegt werden.
Statt Thai-Basilikum: europäisches Basilikum.
Statt frischer Zitronenblätter: etwas mehr geriebene Zitronenschale.

Maschas Meeresfrüchtetopf

einfach, braucht Zeit, zum Einfrieren
4 Portionen

- 1 nußgroßes Stück Ingwer
- 2 Knoblauchzehen
- 1 frische, rote Chilischote
- Öl
- Kurkumapulver
- 1 Glas Hummerfond, 400 ml
- 2 EL Tomatenmark
- 1 große Dose Hummercremesuppe, 800 ml
- 200 g Schlagsahne
- 2 grüne Kokosnüsse (Trinknüsse)
- 500 g kleine Muscheln, Vongole veraci und/oder Miesmuscheln
- 1 Zwiebel
- 400 g rohe, ungeschälte Garnelenschwänze
- 500 g Kabeljaufilet
- 1 Zitrone
- Salz
- 100 g Gemüsealgen
- 2 Zweige frischer Thai-Basilikum
- 4 frische Zitronenblätter
- trockener, weißer Wermut
- frisch gemahlener weißer Pfeffer

Den Ingwer schälen und fein reiben. Den Knoblauch abziehen und fein hacken. Die Chilischote waschen, putzen, entkernen und ebenfalls fein hacken.

In einem großen, weiten Suppentopf 1 Eßlöffel Öl erhitzen. Ingwer, Knoblauch und Chili darin andünsten und mit 1 gestrichenen Teelöffel Kurkumapulver bestäuben. Die Hälfte des Hummerfonds angießen und mit dem Tomatenmark verrühren. Dann den restlichen Hummerfond, die Hummercremesuppe und die Schlagsahne einrühren. Die Suppe auf schwacher Hitze köcheln lassen.

2 Löcher in die Augen der Kokosnüsse oder, bei geschälten Nüssen, in den Boden bohren und das Kokosnußwasser auffangen. 200 ml davon zur Suppe geben und die Suppe um gut 1/3 auf ca. 1 Liter einkochen lassen.

Die Kokosnüsse mit einem Beil aufschlagen und das dünne, weiche Fleisch mit einem Eßlöffel herausschälen. Das Kokosfleisch in mundgerechte Streifen schneiden und zugedeckt im Kühlschrank aufbewahren.

Die Muscheln unter fließend kaltem Wasser schrubben und eventuell die Bärte entfernen. Die Zwiebel abziehen und grob hacken. In einer Pfanne mit Deckel 2 Eßlöffel Öl erhitzen und die Zwiebel darin andünsten. Dann stark erhitzen und die abgetropften Muscheln zugeben. Die Pfanne zudekken, immer wieder rütteln und die Muscheln etwa 2 bis 3 Minuten garen, bis alle geöffnet sind. Noch geschlossene Muscheln wegwerfen. Die Muscheln mit der Schaumkelle aus der Pfanne heben, in eine Schüssel legen und den Sud durch ein Haarsieb über die Muscheln träufeln. Die Zwiebeln wegwerfen.

Die Garnelen schälen, die Schwanzflossen nach Belieben stehenlassen. Die Rücken aufschlitzen und die Därme entfernen. Das Kabeljaufilet in große Würfel schneiden, etwa 3 cm Kantenlänge.

Die Hälfte der Zitronenschale fein abreiben und die Zitrone auspressen. Garnelenschwänze und Kabeljau mit Zitronensaft und etwas Salz marinieren.

Die Gemüsealgen waschen, putzen und in mundgerechte Stücke zupfen. Das Basilikum waschen, trockenschütteln und die Blätter abzupfen. Die Zitronenblätter waschen, trokkentupfen, sehr eng aufrollen und in feinste Streifen schneiden.

Die Suppe, wenn sie genügend eingekocht ist, mit 3 Eßlöffel Wermut, Pfeffer und der abgeriebenen Zitronenschale abschmekken. Noch nicht nachsalzen!

Garnelen und Kabeljau gut abtropfen lassen und in die Suppe legen. Auf kleinste Hitze zurückschalten. Die Muscheln samt Sud und das geschnittene Kokosfleisch zugeben. Die Algen und die Basilikumblätter untermischen, das Gericht 3 Minuten ziehen lassen und erst dann probieren, ob noch Salz fehlt.

Den Meeresfrüchtetopf in vorgewärmte Suppenteller verteilen und vor dem Servieren mit den feingeschnittenen Zitronenblättern bestreuen.

Nährwerte pro Portion
Kilokalorien 920, Kilojoule 3860, Eiweiß/g 72, Kohlenhydrate/g 17, Fett/g 62, Ballaststoffe/g 7,6

MK

Cacciucco

einfach, braucht Zeit,
zum Einfrieren
4 Portionen

- 600 g gemischte Fische wie Seezunge, Knurrhahn, Drachenkopf
- 300 g gemischte Tintenfische
- 8 Garnelen
- 500 gemischte Muscheln
- 2 Zwiebeln
- 3 Knoblauchzehen
- 2 scharfe rote Chilischoten
- 1 Bund glatte Petersilie
- 10 EL Olivenöl
- 200 g pürierte Tomaten
- Salz
- 1/2 l trockener Weißwein

- 4 Scheiben toskanisches Weißbrot
- 2 Knoblauchzehen

Die Fischfilets auslösen und in große Stücke teilen. Falls diese Arbeit der Fischhändler erledigt, die Köpfe und Gräten mitnehmen. Die Tintenfische waschen, eventuell häuten und in mundgerechte Stücke zerteilen. Die Garnelenschwänze am Rücken aufschlitzen und entdarmen. Die Muscheln mehrmals in kaltem Wasser waschen, von Miesmuscheln den Bart entfernen.

Zwiebeln und Knoblauchzehen abziehen und hacken. Die Chilischoten putzen, entkernen und sehr fein hacken. Die Petersilie waschen, trockenschütteln und die Blätter grob hacken.

In einem weiten Topf 4 Eßlöffel Olivenöl erhitzen und Zwiebeln, Knoblauch, Chilischoten und Petersilie darin andünsten. Die Tintenfische zugeben und bei guter Mittelhitze 5 Minuten garen. Die Fischstücke wieder herausheben.

Die pürierten Tomaten und etwas Salz einrühren. Alle Fischabfälle einlegen, den Weißwein angießen und die Suppe 30 Minuten köcheln lassen. Mit heißem Wasser soweit ergänzen, daß alles gut bedeckt ist.

Ein Sieb in einen zweiten Topf hängen und die Suppe gründlich durchstreichen - die Flüssigkeit soll leicht mit dem Gemüsepüree gebunden sein.

Die Suppe aufkochen, die Fischstücke, Garnelen, Muscheln und die vorgegarten Tintenfische einlegen und bei schwacher Hitze 10 Minuten ziehen lassen.

Inzwischen die Brotscheiben halbieren. Die Knoblauchzehen abziehen und halbieren. Das Brot mit dem Knoblauch einreiben. 6 Eßlöffel Olivenöl in einer weiten Pfanne erhitzen und die Brotscheiben darin goldbraun rösten.

Zum Servieren je 2 Brotscheiben in einen tiefen Teller legen und den Cacciucco einfüllen.

Nährwerte pro Portion
Kilokalorien 775, Kilojoule 3240, Eiweiß/g 60, Kohlenhydrate/g 25, Fett/g 35, Ballaststoffe/g 2,0

Algerische Fischsuppe

einfach, braucht Zeit
4 Portionen

- 1 kg gemischte Fische, z.B. Brassen, Barben, Sardinen, Schellfisch
- 250 g reife Tomaten
- 1 Zwiebel
- 5 große Knoblauchzehen
- 3 EL Olivenöl
- 200 g Graupen
- 1 Prise Kreuzkümmel
- 1 TL Cayennepfeffer
- 1 Lorbeerblatt
- Salz
- 5 frische Minzeblätter
- frisch gemahlener schwarzer Pfeffer

Die Fische je nach Sorte schuppen, ausnehmen, waschen und in Portionsstücke schneiden oder filetieren.

Die Tomaten mit kochendem Wasser überbrühen, häuten und grob würfeln.

Die Zwiebel und den Knoblauch abziehen und hacken.

Das Öl in einem Topf erhitzen, Zwiebel und Knoblauch darin glasig dünsten. Die Fischabschnitte, Tomaten, Graupen, Kreuzkümmel, Cayennepfeffer und das Lorbeerblatt zufügen und 1 Liter Wasser angießen. Kräftig salzen und zugedeckt 30 Minuten köcheln lassen. Dann das Lorbeerblatt entfernen.

Die Minzeblätter waschen, trockenschütteln und in feine Streifen schneiden. Die Fischsuppe mit Salz und Pfeffer abschmekken, mit Minze bestreuen und sofort servieren.

Nährwerte pro Portion
Kilokalorien 430, Kilojoule 1800, Eiweiß/g 42, Kohlenhydrate/g 39, Fett/g 11, Ballaststoffe/g 3,2

Hamburger Aalsuppe

einfach, braucht Zeit
4 Portionen

- 1 Zwiebel
- 2 l Fleischbrühe
- 1 fleischiger Schinkenknochen
- 1 Lorbeerblatt
- 2 Nelken
- 1 kleiner Aal, ca. 700 g, küchenfertig
- Salz
- 5 EL Essig
- 100 g Backpflaumen
- 125 g Möhren
- 125 g Sellerieknolle
- 125 g Kohlrabi
- 250 g kleine Birnen
- 125 g TK-Erbsen
- 2 EL Butter
- 4 EL Mehl
- 1 Kräutersträußchen (z.B. Dill, Petersilie)
- 125 ml Weißwein
- Zucker
- weißer Pfeffer

Die Zwiebel abziehen und in der Fleischbrühe zusammen mit dem Schinkenknochen, dem Lorbeerblatt und den Nelken etwa 1 1/2 Stunden kochen.

Dann den Knochen aus der Brühe heben, die Brühe durchseihen und entfetten.

Den Aal waschen und in mundgerechte Stücke schneiden. Die Fischstücke salzen, mit dem Essig beträufeln und ziehen lassen.

Die Backpflaumen in etwas Wasser einweichen, etwa 15 Minuten ziehen und anschließend abtropfen lassen.

Das Gemüse putzen und in kleine Würfel schneiden. Die Birnen schälen, halbieren und entkernen.

Die Backpflaumen, das Gemüse, die Birnen und die Erbsen in die Brühe geben und 15 Minuten bei kleiner Hitze garen.

Die Butter mit dem Mehl verkneten und die Suppe damit binden.

Das Kräutersträußchen waschen und trockenschleudern. Zusammen mit den Aalstückchen in die Suppe legen und 10 Minuten bei kleiner Hitze ziehen lassen.

Das Fleisch vom Schinkenknochen schaben und in die Suppe geben. Den Weißwein angießen und die Suppe mit Zucker, Salz und Pfeffer süß-sauer abschmecken.

Nährwerte pro Portion
Kilokalorien 650, Kilojoule 2720, Eiweiß/g 29, Kohlenhydrate/g 38, Fett/g 36, Ballaststoffe/g 7,8

Fischsuppe mit Rotbarsch

einfach
4 Portionen

- 400 g Rotbarschfilet
- Saft von 1 Zitrone
- 4 cl Aquavit
- 1 große Kartoffel
- 75 g Frühstücksspeck
- 1 Zwiebel
- 1 Knoblauchzehe
- 30 g Butter
- 30 g Krebsbutter
- 1 l Instant-Fleischbrühe
- 1 Lorbeerblatt
- 300 g TK-Suppengemüse, gewürfelt
- Salz
- frisch gemahlener weißer Pfeffer
- 1 EL frischer Dill

Das Fischfilet in einer flachen Schüssel mit dem Zitronensaft und dem Aquavit begießen.

Die Kartoffel waschen und schälen. Kartoffel und Frühstücksspeck in kleine Würfel schneiden. Die Zwiebel und die Knoblauchzehe abziehen und hacken.

Die Butter und die Krebsbutter in einem Topf zerlassen. Zwiebel und Knoblauch darin glasig andünsten. Kartoffel und Speck zufügen und kurz mitdünsten. Die Brühe angießen, Lorbeerblatt hineingeben. Zugedeckt bei kleiner Hitze 10 Minuten köcheln.

Dann das gewürfelte Suppengemüse zufügen und die Suppe mit Salz und Pfeffer würzen. Weitere 10 Minuten köcheln.

Das Fischfilet in mundgerechte Stücke schneiden. Fisch mit Zitronensaft und Aquavit zur Suppe geben. In 5 Minuten garziehen lassen, nicht mehr kochen. Die Suppe noch einmal abschmecken.

Den Dill waschen, trockenschütteln und hacken. Kurz vor dem Servieren über die Fischsuppe streuen.

Nährwerte pro Portion
Kilokalorien 450, Kilojoule 1890, Eiweiß/g 25, Kohlenhydrate/g 16, Fett/g 29, Ballaststoffe/g 6,1

Legierte Fischsuppe

einfach, zum Einfrieren
4 Portionen

- 1 kg Seelachs oder Kabeljau
- Salz
- Saft von 1 Zitrone
- 250 g Kartoffeln
- 4 Möhren
- 1 Stange Lauch
- 1 Bund Suppengrün
- 2 Zwiebeln
- 1 EL Butter
- 1 Lorbeerblatt
- frisch gemahlener weißer Pfeffer
- 2 Eier
- 150 g Schlagsahne
- 2 cl Pernod oder weißer Wermut

Den Fisch säubern und gründlich waschen. In Portionsstücke teilen, mit Salz einreiben und mit dem Zitronensaft beträufeln. Kurze Zeit ziehen lassen.

Die Kartoffeln, Möhren, Lauch und Suppengrün waschen und putzen, Kartoffeln und Möhren schälen. Alles in kleine Stücke schneiden.

Die Zwiebeln abziehen und grob hacken.

Die Butter in einem Suppentopf zerlassen, Zwiebeln glasig andünsten. Das übrige Gemüse zufügen und kurz mitrösten. 1 Liter Wasser angießen, zum Kochen bringen und den Fisch einlegen. Mit dem Lorbeerblatt, Salz und Pfeffer würzen. Zugedeckt bei kleiner Hitze 15 Minuten köcheln lassen.

Fischstücke aus der Suppe heben, das Lorbeerblatt entfernen. Die Suppe mit dem Gemüse durch ein Sieb passieren oder mit dem Mixstab pürieren.

Die Eier mit der Schlagsahne verquirlen und in die Suppe einrühren, nicht mehr kochen.

Das Fischfleisch von den Gräten lösen und mit zwei Gabeln in mundgerechte Stücke zerpflücken. In der Suppe noch einmal kurz erwärmen.

Fischsuppe mit Salz, Pfeffer und Pernod abschmecken und sofort servieren.

Nährwerte pro Portion
Kilokalorien 440, Kilojoule 1900, Eiweiß/g 41, Kohlenhydrate/g 19, Fett/g 19, Ballaststoffe/g 6,4

Krabbensuppe

einfach, Blitzrezept
4 Portionen

- 1 Bund Suppengrün
- 1 kleine Zwiebel
- 1 EL Krebsbutter
- 1/2 l Fleischbrühe
- 1/4 l Weißwein
- 375 g Schlagsahne
- 250 g ausgelöste Krabben (Nordseegarnelen)
- Salz
- frisch gemahlener weißer Pfeffer
- 1/2 Bund Dill

Das Suppengrün putzen, waschen und trockenschleudern. Die Zwiebel abziehen. Beides fein hacken und in der Krebsbutter unter Rühren einige Minuten dünsten.

Die Fleischbrühe, den Weißwein und 1/4 Liter Schlagsahne angießen und die Suppe 15 Minuten köcheln lassen.

20 Krabben zum Garnieren zurückbehalten, die restlichen dazugeben und bei kleiner Hitze in der Suppe erwärmen. Mit Salz und Pfeffer abschmecken.

Die restliche Schalgsahne steif schlagen.

Den Dill waschen, trockenschleudern und fein hacken.

Die Krabbensuppe in vorgewärmte Suppenteller verteilen, einen Klacks Sahne daraufsetzen und mit etwas Dill garnieren.

Zur Krabbensuppe Schwarzbrot und Butter oder Toast reichen.

Nährwerte pro Portion
Kilokalorien 450, Kilojoule 1870, Eiweiß/g 18, Kohlenhydrate/g 7, Fett/g 36, Ballaststoffe/g 2,1

Diese Suppe ist eine Norddeutsche Spezialität, die mit Nordseekrabben zubereitet wird. „Nordseekrabben" sind winzig kleine Garnelen, die Sie hier (links) im Vergleich zu üblichen Tiefseegarnelen (Shrimps) sehen.

Feine Suppe mit Meeresfrüchten

einfach, braucht Zeit
4 Portionen

- 500 g Miesmuscheln
- 1 1/4 l Fischfond
- 2 Fischkoteletts, zusammen 400 g, z. B. Lachs und Heilbutt
- 1 große Möhre
- 2 Stengel Staudensellerie
- 2 Frühlingszwiebeln
- 1 EL Butter
- Noilly Prat (trockener, weißer Wermut)
- Salz
- frisch gemahlener weißer Pfeffer
- 100 g gekochte Garnelenschwänze
- etwas frischer Kerbel

Die Muscheln in kaltes Wasser legen, die Schalen eventuell schrubben, die Bärte entfernen und das Wasser zweimal wechseln.

1/4 Liter Fischfond in einem Topf aufkochen, die abgetropften Muscheln hineingeben und den Deckel schließen. Die Muscheln bei starker Hitze 4 Minuten garen und den Topf dabei immer wieder rütteln. Die Muscheln mit einer Schaumkelle herausheben und alle noch geschlossenen Muscheln wegwerfen. 12 Muscheln zur Dekoration in den Schalen lassen, die anderen auslösen.

Die gewaschenen Fischkoteletts in den heißen Muschelsud legen, den Deckel schließen und den Fisch bei schwächster Hitze 7 bis 8 Minuten garziehen lassen. Nach 3 Minuten wenden. Die Koteletts aus dem Sud heben, von Haut und Gräten befreien und das Fischfleisch in mundgerechte Würfel zerteilen.

Den Sud abseihen und für eine Fischsauce einfrieren.

Die Möhre schälen, der Länge nach in Scheiben, dann in Streifen und schließlich in feine Würfel schneiden. Die Selleriestangen putzen, Fäden abziehen und die Stangen in feine Scheiben schneiden. Die Frühlingszwiebeln putzen und den weißen Teil in feine Ringe schneiden.

Die Butter in einem Topf zerlassen und das Gemüse bei mäßiger Hitze darin andünsten. 3 Eßlöffel Wermut zugeben. 1 Liter Fischfond zugießen und die Suppe einmal aufkochen lassen. Mit Wermut, Salz und Pfeffer abschmecken. Die Hitze reduzieren und die Muscheln, die Fischwürfel und die Garnelen einlegen. Die Suppe 2 Minuten ziehen lassen und zum Servieren mit Kerbelblättchen bestreuen.

Nährwerte pro Portion
Kilokalorien 280, Kilojoule 1160, Eiweiß/g 32, Kohlenhydrate/g 7, Fett/g 14, Ballaststoffe/g 0,5

Hechtsuppe mit Klößchen

Das Klären von Suppen wird auf Seite 128 beschrieben.

Hecht vom Fischhändler küchenfertig vorbereiten lassen

einfach, braucht Zeit
4 Portionen

- 1,5 kg Hecht
- 2 Bund Suppengrün
- 1 Zwiebel
- 2 EL Öl
- 1/4 l Weißwein
- Salz
- weißer Pfeffer
- 1 Blatt Salbei
- 1 altbackenes Brötchen
- 150 ml Milch
- 1/2 Bund glatte Petersilie
- 2 Eier
- 1 EL Butter
- 1/2 Bund Schnittlauch

Den Hecht waschen und samt Kopf und Schwanz in 6 Stücke teilen.

Das Suppengrün waschen und trockenschleudern. Die Zwiebel abziehen. Suppengrün und Zwiebel grob hacken.

Das Öl in einem Suppentopf erhitzen und das gehackte Gemüse unter Rühren andünsten. Dann mit 1 Liter Wasser und dem Weißwein aufgießen und zum Kochen bringen und 10 Minuten köcheln lassen.

Alle Fischstücke einlegen, mit Salz, Pfeffer und dem Salbeiblatt würzen und bei kleiner Hitze ziehen lassen, bis das Hechtfleisch gar ist (etwa 10 Minuten).

Den Fisch herausheben und abtropfen lassen. Die Brühe durch ein Sieb in einen zweiten Topf gießen und bei kleiner Hitze warm halten.

Den Fisch entgräten und durch den Fleischwolf drehen.

Das Brötchen in Scheiben schneiden.Die Milch erhitzen, über das Brötchen gießen und 10 Minuten quellen lassen.

Die Petersilie waschen, trockenschleudern und fein hacken.

Das Fischfleisch mit dem ausgedrückten Brötchen, der Petersilie, einem Ei und der Butter verkneten und mit Salz und Pfeffer abschmecken. Mit zwei nassen Teelöffeln kleine Klößchen abstechen und in der heißen Fischbrühe gar ziehen lassen.

Den Schnittlauch waschen, trockentupfen und in feine Röllchen schneiden.

Die gegarten Hechtklößchen mit wenig Brühe im geschlossenen Topf warm halten. Das zweite Ei trennen und die Fischbrühe mit dem Eiweiß klären. Klößchen und Brühe in vorgewärmten Tellern anrichten und mit Schnittlauch bestreuen.

Dazu frisches Baguette oder Knoblauchbrot reichen.

Nährwerte pro Portion
Kilokalorien 280, Kilojoule 1160, Eiweiß/g 32, Kohlenhydrate/g 7, Fett/g 14, Ballaststoffe/g 0,5

Muschelsuppe

einfach, braucht Zeit, zum Einfrieren
4 Portionen

Muschelsud
- 1 kg gemischte Muscheln, z.B. Miesmuscheln, Vongole, Herzmuscheln
- 2 Knoblauchzehen
- 1 EL Butter
- 1/4 l trockener Weißwein
- 1 Lorbeerblatt
- 1 TL Pfefferkörner
- Salz

Suppe
- 2 kleine Möhren
- 1 Stück Knollensellerie, 80 g
- 1 kleine Fenchelknolle
- 2 Schalotten
- 1 Knoblauchzehe
- 1 EL Butter
- 1 Messerspitze Safranfäden oder 1 g gestoßener Safran
- 200 ml trockener Weißwein
- 1 große Fleischtomate
- 1 Stange Lauch
- 50 g Gemüsealgen
- frisch gemahlener weißer Pfeffer
- 2 EL trockener weißer Wermut oder Sherry

Variation: Muschelsuppe mit Teighaube
vorgenannte Menge für 6 Portionen

Dazu:
- 6 Scheiben TK-Blätterteig
- 1 Ei
- 1 EL Schlagsahne oder Milch

Die Muscheln in reichlich kaltem Wasser waschen, eventuell bürsten und von den Miesmuscheln den Bart entfernen.

Die Knoblauchzehen abziehen und fein hacken. Die Butter in einem weiten, flachen Topf erhitzen, den Knoblauch darin andünsten und den Weißwein und 1/2 Liter Wasser zugießen. Lorbeerblatt, Pfefferkörner und 1 Teelöffel Salz einrühren und den Sud 10 Minuten köcheln lassen.

Die Muscheln in den kochenden Sud legen, den Topf fest mit dem Deckel verschließen und die Muscheln bei starker Hitze etwa 5 Minuten garen. Dabei den geschlossenen Topf mehrfach rütteln.

Die Muscheln aus dem Sud heben und noch geschlossene Muscheln wegwerfen. Das Muschelfleisch ausbrechen, einige Muscheln zur Dekoration in der Schale lassen.

Den Muschelsud durch ein feines Haarsieb gießen, etwas abkühlen lassen und das Muschelfleisch wieder einlegen.

Die Möhren, den Knollensellerie und die

Fenchelknolle putzen, bzw. schälen und in kleine, gleichmäßige Würfelchen schneiden. Die Schalotten und die Knoblauchzehe abziehen und fein hacken.

Die Butter im Topf zerlassen, Schalotten, Knoblauch und Safran darin bei schwacher Hitze anschwitzen. Die Gemüsewürfel zugeben und andünsten. Mit 600 ml Muschelfond und dem Weißwein aufgießen und bei mittlerer Hitze köcheln lassen.

Inzwischen die Fleischtomate blanchieren, häuten, entkernen und in Würfel schneiden. Die Lauchstange abziehen, putzen, waschen, der Länge nach vierteln und fein aufschneiden. Die Gemüsealgen verlesen, waschen und in mundgerechte Stücke zupfen.

Tomate, Lauch, Algen und das Muschelfleisch in die Suppe legen und auf schwacher Hitze 5 Minuten ziehen lassen. Die Suppe mit Salz, Pfeffer und weißem Wermut abschmecken.

Nährwerte pro Portion
Kilokalorien 160, Kilojoule 666, Eiweiß/g 15, Kohlenhydrate/g 9, Fett/g 5, Ballaststoffe/g 4,3

Muschelsuppe mit Teighaube

Die Muschelsuppe, wie beschrieben, reicht für 6 Portionen.

Die Blätterteigscheiben auftauen lassen und etwas breiter ausrollen. Eine feuerfeste Suppentasse oder Glasform mit der Öffnung darauf stellen und runde Scheiben mit einem Saum von 2 cm ausschneiden.

Die Suppe auf 6 Tassen verteilen. Das Ei trennen, das Eigelb mit der Sahne verrühren. Das Eiweiß leicht schlagen und die Tassenränder damit bestreichen. Die Blätterteigdeckel auflegen und die Ränder rundherum fest andrücken. Die Oberfläche mit Eigelb bestreichen.

Die Tassen mit genügend Abstand zur Ofendecke in den auf 220°C vorgeheizten Backofen stellen. Etwa 12 Minuten backen, bis die Blätterteighaube aufgegangen und goldbraun ist. Sofort servieren.

Nährwerte für die Variante für 6 Personen
Kilokalorien 350, Kilojoule 1480, Eiweiß/g 12, Kohlenhydrate/g 24, Fett/g 20, Ballaststoffe/g 3,6

Muscheln im Weinsud

einfach, Blitzrezept
4 Portionen

- 2 kg Miesmuscheln
- 250 g Möhren
- 100 g Petersilienwurzel
- 100 g Sellerieknolle
- 250 g Lauch
- 2 Zwiebeln
- 2 Knoblauchzehen
- 3 EL Butter
- 1 l Weißwein
- Salz
- 1 Kräutersträußchen aus: 2 Zweigen Thymian, 2 Zweigen Estragon, 2 Zweigen Kerbel und einigen Petersilienstengeln
- 2 Lorbeerblätter
- 10 schwarze Pfefferkörner

Die Muscheln mehrmals unter sehr kaltem Wasser waschen, bürsten und den Bart entfernen. Beschädigte Muscheln wegwerfen.

Möhren, Petersilienwurzel, Sellerie und Lauch waschen, putzen und klein würfeln. Zwiebeln und Knoblauchzehen abziehen. Die Zwiebeln in dünne Ringe schneiden, den Knoblauch hacken.

Die Butter in einem großen Topf zerlassen, das Gemüse bei kleiner Hitze glasig dünsten.

Die Hitze hochstellen, die Muscheln zugeben und zugedeckt 2 Minuten dünsten lassen. Mit dem Wein ablöschen und schwach salzen. Das Kräutersträußchen, Lorbeerblätter und die Pfefferkörner zufügen. Kurz aufkochen.

Die Muscheln im geschlossenen Topf 5 Minuten bei mittlerer Hitze garen. Anschließend mit dem Schaumlöffel in eine vorgewärmte Schüssel heben. Alle geschlossenen Muscheln wegwerfen.

Den Sud durch ein Haarsieb darübergießen.

Nährwerte pro Portion
Kilokalorien 330, Kilojoule 1400, Eiweiß/g 24, Kohlenhydrate/g 8, Fett/g 12, Ballaststoffe/g 0

Muschelragout

einfach, Blitzrezept
4 Portionen

- 750 g Miesmuscheln
- 250 g Venus- oder Herzmuscheln
- 150 g Möhren
- 2 Stangen Sellerie
- 1 große Zwiebel
- 2 Knoblauchzehen
- 2 Bund glatte Petersilie
- 3 EL Olivenöl
- 1 kg Fleischtomaten
- Salz
- frisch gemahlener schwarzer Pfeffer

Die Muscheln sorgfältig waschen, abbürsten und von den Miesmuscheln den Bart entfernen. Alle geöffneten Muscheln unbedingt aussortieren und wegwerfen.

Möhren und Sellerie putzen und waschen. Zwiebel und Knoblauch abziehen, 1 Bund Petersilie waschen und trockenschütteln. Alles fein hacken.

Das Gemüse in einem Topf im heißen Öl bei mittlerer Hitze anschwitzen. Die Muscheln zugeben und zugedeckt etwa 10 Minuten garen, zwischendurch den Topf mehrfach kräftig rütteln.

Inzwischen die Tomaten blanchieren, häuten und grob hacken.

Die Muscheln aus dem Topf heben, die Tomaten zum darin verbliebenen Gemüsesud geben. Mit Salz und Pfeffer kräftig würzen und etwas einkochen lassen.

Bis auf einige Exemplare zur Dekoration die Muscheln aus den Schalen lösen. Noch geschlossene Muscheln unbedingt wegwerfen. Die Muscheln in die dick eingekochte Tomatensauce geben, bei schwacher Hitze noch kurz durchziehen lassen. Das zweite Bund Petersilie hacken und darüberstreuen.

Mit Weißbrot oder zu gekochten Spaghetti servieren.

Nährwerte pro Portion
Kilokalorien 240, Kilojoule 990, Eiweiß/g 16, Kohlenhydrate/g 14, Fett/g 11, Ballaststoffe/g 6,4

Gedämpfte Muscheln

einfach
4 Portionen

- Je 20 g getrocknete Wolkenohrpilze und getrocknete Shiitake
- 2 kg gemischte, frische Muscheln, wie z.B. Schwertmuscheln, Vongole, Tartufi di mare, Herzmuscheln, große und kleine Miesmuscheln usw.
- 2 Schalotten
- 2 Knoblauchzehen
- 2 Möhren
- 1 große Petersilienwurzel
- 200 g Fenchelknolle
- 1 Zucchino
- 1 Bund glatte Petersilie
- 4 Zweige frischer Thymian
- 4 EL Olivenöl
- Salz
- frisch gemahlener weißer Pfeffer
- 200 ml trockener Weißwein
- 3-4 EL weißer Portwein

Die beiden Pilzsorten im lauwarmen Wasser einweichen.

Die Schwertmuscheln in kaltes Wasser legen und das Wasser mehrfach wechseln, weil die Muscheln besonders sandig sind. Alle Muscheln unter fließendem Wasser bürsten und von den Miesmuscheln den Bart entfernen.

Die Schalotten und die Knoblauchzehen abziehen und fein hacken. Die Möhren und die Petersilienwurzel schälen. Den Fenchel putzen und zusammen mit Möhren und Petersilienwurzel grob hacken. Die Schale vom gewaschenen Zucchino mit einem Zestenreißer in Streifen abziehen. Die eingeweichten Pilze putzen und in mundgerechte Stücke teilen.

Die Petersilie waschen, trockenschütteln und die Blätter fein hacken. Die Thymianblättchen von den Zweigen abrebeln.

Das Olivenöl in einem weiten Topf mit Deckel erhitzen. Pilze und alle Gemüse, außer Zucchinistreifen, im Öl andünsten, leicht salzen und pfeffern und den Weißwein angießen. Einmal aufkochen lassen und zunächst die großen Muscheln, wie Schwertmuscheln und große Miesmuscheln in den Topf geben. Den Deckel schließen und die Muscheln über starker Hitze etwa 3 Minuten dämpfen. Dann die restlichen Muscheln zugeben und ebenfalls einige Minuten dämpfen, bis alle Muscheln geöffnet sind. Dabei den geschlossenen Topf mehrmals rütteln.

Den Topf öffnen und noch geschlossene Muscheln wegwerfen. Zucchinistreifen, Petersilie und Thymian untermischen und 1 Minute ziehen lassen. Das Gericht mit Portwein abschmecken.

Muscheln und Gemüse auf 4 vorgewärmte Teller verteilen und weißen Pfeffer frisch darüber mahlen.

Nährwerte pro Portion
Kilokalorien 300 Kilojoule 1260, Eiweiß/g 24, Kohlenhydrate/g 19, Fett/g 15, Ballaststoffe/g 5,5

Hauptsache Fisch

Tip

Auf die Hautseite achten! Fischfilet hat eine Hautseite (von der die Haut abgezogen wurde, sie glänzt silbrig) und eine Grätenseite (die auf den Gräten lag). Beim Garen zieht sich die Hautseite zusammen, und die Filets rollen sich auf. Damit z.B. Seezungenröllchen halten, wickelt man sie mit der Hautseite nach innen.

Sie können zu diesen Gerichten Baguette reichen. Lustiger ist es, aus aufgetauten Blätterteigscheiben mit dem gezackten Teigrad Fischformen zu schneiden. Die Fische auf ein kalt gespültes Backblech setzen, mit einer Mischung aus Eigelb und Sahne bestreichen und im vorgeheizten Backofen bei 220°C etwa 10 Minuten backen, bis der Teig aufgeht und die Fische goldbraun sind.

Seezungenröllchen auf Spargelnudeln

einfach, braucht Zeit
4 Portionen

- 500 g Lachsfilet ohne Haut
- 8 Seezungenfilets
- Salz
- frisch gemahlener weißer Pfeffer
- 50 g Butter
- je 8 weiße und grüne Spargelstangen

Sabayon siehe Seite 131.

Mögliche Gräten aus dem Lachsfilet mit der Pinzette entfernen. Das Filet der Länge nach und sehr schräg in 8 dünne Scheiben schneiden. Lachs- und Seezungenfilets schwach salzen und pfeffern. Die Seezungenfilets mit der enthäuteten Seite nach oben legen. Die Lachsstreifen darauflegen, die Seezungenfilets aufrollen und die Enden mit Zahnstochern befestigen. Die Seezungenröllchen bis zum Dämpfen im Kühlschrank ruhen lassen und dabei auf die zugesteckte Stelle legen.

In einen weiten Dämpftopf 2 cm hoch Wasser füllen, den Dämpfeinsatz mit Butter bestreichen.

Die Spargelstangen waschen, den weißen Spargel schälen und von beiden Spargelsorten die Enden abschneiden. Die Spargelstangen mit dem Sparschäler in nicht zu dünne Streifen aufschneiden.

Inzwischen den Sabayon zubereiten und über dem Wasserbad warm halten.

Das Wasser im Dämpftopf erhitzen, die Seezungenröllchen auf den gefetteten Einsatz legen und im geschlossenen Topf 6 Minuten dämpfen. Den geschlossenen Topf vom Herd nehmen und die Röllchen weitere 5 Minuten ziehen lassen.

Die restliche Butter in einer weiten Pfanne erhitzen und die Spargelnudeln gleichmäßig verteilt hineinlegen. Salzen, pfeffern und über mittlerer Hitze 2 Minuten ziehen lassen. Den Spargel wenden und weitere 2 bis 3 Minuten dünsten.

Etwas Sabayon auf 4 vorgewärmte Teller verteilen. Aus den Seezungenröllchen die Zahnstocher entfernen und die Röllchen auf die Sauce setzen. Die Spargelnudeln dazu anrichten.

Nährwerte pro Portion
Kilokalorien 1030, Kilojoule 4310, Eiweiß/g 61, Kohlenhydrate/g 34, Fett/g 64, Ballaststoffe/g 2,8

Bunte Seezungenröllchen

einfach, braucht Zeit, zum Einfrieren
4 Portionen

- 500 g Blattspinat
- 1 Schalotte
- 50 g Butter
- Salz
- frisch gemahlener weißer Pfeffer
- 8 Seezungenfilets
- 150 g schieres Lachsfilet
- 2 EL Butter

Gemüse:
- Je 8 dünne, weiße und grüne Spargelstangen
- 8 Frühlingszwiebeln
- 200 g Zuckerschoten

Weißweinsauce
für 4 Portionen, siehe Seite 129.

- 4 TL Lachsforellen- oder Ketakaviar

Die Spinatblätter verlesen, waschen, dicke Stiele entfernen und den Spinat abtropfen lassen.

Die Schalotte abziehen, fein würfeln und in der Butter glasig dünsten. Den tropfnassen Spinat zugeben und den Topfdeckel schließen. Bei mittlerer Hitze dünsten, bis die Spinatblätter zusammengefallen sind,

dann leicht salzen und pfeffern. Den Spinat im offenen Topf weiter dünsten, bis alle Flüssigkeit verdampft ist.

Die Seezungenfilets waschen, trockentupfen und schwach salzen. Das Lachsfilet nach Gräten untersuchen und diese eventuell herausziehen. Den Lachs in 8 gleichmäßige Streifen schneiden. Die Seezungenfilets auf der Hautseite mit Spinat belegen. Auf das dicke Ende den Lachsstreifen legen, er sollte oben und unten etwas überstehen. Die Seezungenfilets zusammenrollen und die Enden mit einem Zahnstocher feststecken.

Den Dämpfeinsatz mit 1 Eßlöffel Butter bestreichen, die Seezungenröllchen daraufsetzen, mit Folie abdecken und den Einsatz in den Kühlschrank stellen.

Die Gemüse putzen und waschen. Reichlich Salzwasser zum Kochen bringen und zunächst den weißen Spargel 12 Minuten garen. Die Spargelstangen herausheben und in eiskaltem Wasser abschrecken. Dann die Frühlingszwiebeln im sprudelndem Wasser 1 Minute blanchieren und abschrecken. Danach den grünen Spargel und die Zuckerschoten 5 Minuten kochen und ebenfalls abschrecken. Alle Gemüse gut abtropfen lassen.

Die Weißweinsauce zubereiten.

Wasser 2 cm hoch im Dämpftopf aufkochen, die Seezungenröllchen einsetzen und den Deckel schließen. Die Röllchen 6 Minuten bei voller Hitze dämpfen, dann vom Herd nehmen und im geschlossenen Topf stehen lassen, bis alles zum Servieren bereit ist.

Während die Röllchen dämpfen, 1 Eßlöffel Butter in einer Stielkasserolle oder einer tiefen Pfanne zerlassen, das Gemüse einlegen, in der Butter wenden und aufwärmen.

Die Zahnstocher aus den Röllchen ziehen.

Zum Servieren je 2 Seezungenröllchen mit dem Gemüse auf vorgewärmten Tellern anrichten, die Weißweinsauce angießen und mit je 1 Teelöffel Kaviar garnieren.

Dazu sind die Fischlein aus Blätterteig hübsch. Aber ebenso, wie zu den „Seezungenröllchen auf Spargelnudeln" kann man stattdessen in Butter geschwenkte, kleine Salzkartoffeln reichen.

Nährwerte pro Portion
Kilokalorien 670, Kilojoule 2920, Eiweiß/g 57, Kohlenhydrate/g 10, Fett/g 47, Ballaststoffe/g 7,2

Wenn Sie keinen genügend weiten Dämpftopf haben - es geht auch der Fischkochtopf mit einem Dämpfeinsatz - können die Röllchen pochiert werden. Dazu Fischfond, Gemüsefond oder Salzwasser mit Weißein 3 cm hoch in einem weiten Topf aufkochen. Die Hitze klein stellen und die Röllchen 8 Minuten pochieren. Während des Garziehens einmal wenden.

Gefüllte Lachsröllchen aus dem Dampf

einfach, braucht Zeit, zum Einfrieren
4 Portionen

- 1 EL weiche Butter
- 700 g Lachsfilet vom dicken Ende mit Haut
- 2 kleine Schalotten
- abgeriebene Schale von 1/2 unbehandelten Zitrone
- Kräuter: 2 Stengel glatte Petersilie, 1 Stengel Basilikum, 1 Stengel Zitronenmelisse
- Salz
- frisch gemahlener weißer Pfeffer
- 1 Eiweiß
- 1 EL Crème fraîche

Safransauce
- 30 g Butter
- 30 g Mehl
- 300 ml Fischbrühe
- 100 g Schlagsahne
- 150 g Crème fraîche
- Salz
- frisch gemahlener weißer Pfeffer
- abgeriebene Schale von 1/2 unbehandelten Zitrone
- 2 EL trockener weißer Wermut (Noilly Prat) oder 4 EL Weißwein
- 1 g Safranpulver
- 1 Eigelb

Auf einer Bahn Alufolie von 1 Meter Länge 4 Felder von 20 cm² dünn mit Butter bestreichen.

Die Gräten aus dem Fisch ziehen. Vom dicken Ende ein dreieckiges Stück schräg abschneiden und beiseite legen. 8 große, dünne Scheiben vom Filet schneiden, nach der Art, wie Räucherlachs aufgeschnitten wird. Das restliche Filet wird mit dem Anschnitt für die Füllung verarbeitet.

Auf jedes gebutterte Feld zwei Lachsscheiben mit der langen Seite aneinander legen.

Das übrige Lachsfleisch würfeln. Die Schalotten abziehen und fein würfeln. Lachs, Schalotten und abgeriebene Zitronenschale grob vermengen.

Die Kräuter waschen, trockenschütteln, die Blätter fein hacken und zu dem Fisch geben. Die Masse mit wenig Salz und etwas Pfeffer bestreuen und kreuz und quer hakken, bis sie musig wird.

Das Eiweiß in einer Schüssel leicht schlagen, die Lachsmasse und die Crème fraîche zugeben und alles gründlich vermischen.

Die Lachsscheiben schwach mit Salz und Pfeffer würzen. Die Füllung jeweils auf eine Hälfte in voller Länge gut daumendick häufen. Die Alufolie zwischen den Scheiben auseinander schneiden. Das Scheibenende über die Füllung ziehen und die Rolle mit Hilfe der Alufolie wie einen Strudel formen. Die Folie über den Lachsröllchen locker zusammenfalten, die Enden hochbiegen und die Päckchen in den Kühlschrank legen.

Inzwischen die Sauce zubereiten: Die Butter in einem Topf zerlassen. Das Mehl darin hell anschwitzen und mit der Fischbrühe und der Schlagsahne aufgießen. Dabei mit dem Schneebesen kräftig rühren. Die Crème fraîche zugeben, mit Salz und Pfeffer würzen und die Sauce auf mittlerer Hitze 10 Minuten köcheln lassen. Dann die geriebene Zitronenschale zugeben. Den Wermut oder den Weißwein mit dem Safran und dem Eigelb verrühren. Die Sauce mit dem Pürierstab schaumig aufschlagen und dabei das Eigelb einlaufen lassen. Die Sauce warm halten aber nicht mehr kochen lassem. Vor dem Servieren noch einmal mit dem Pürierstab aufschlagen.

Zum Dämpfen der Lachsröllchen in den Fischtopf oder einen anderen Dämpftopf 2 cm hoch Wasser füllen und zum Kochen bringen. Die Lachspakete auf dem Dämpfeinsatz im geschlossenen Topf 12 Minuten dämpfen. Dann aus der Folie wickeln und sofort auf der Safransauce anrichten.

Dazu passen Zuckerschoten und Wildreis.

Nährwerte pro Portion
Kilokalorien 690, Kilojoule 2890, Eiweiß/g 43, Kohlenhydrate/g 8, Fett/g 48, Ballaststoffe/g 0,6

Gedämpfter Kabeljau

einfach, Blitzrezept
4 Portionen

- 4 große Kabeljausteaks, je etwa 200 g
- 3 EL Zitronensaft
- Salz
- 2 TL Butter
- 500 g Fleischtomaten
- 100 g eingelegte rote Paprikaschoten
- 2 EL Tomatenmark
- 1 EL Sojasauce
- 2 EL Kapern
- Tabascosauce
- 1 Prise Zucker
- frisch gemahlener schwarzer Pfeffer
- 2 Zitronen
- 4 Zweige krause Petersilie

Den Fisch waschen, trockentupfen, mit 2 Eßlöffel Zitronensaft beträufeln und salzen. Zugedeckt im Kühlschrank marinieren lassen. Den trockenen Dämpfeinsatz des Fischtopfes mit weicher Butter bestreichen.

Die Tomaten kreuzweise einritzen, kurz in kochendes Wasser legen und häuten. Dann halbieren und entkernen. Mit Paprikaschote, Tomatenmark und Sojasauce mit dem Pürierstab grob pürieren.

Die Kapern grob hacken und zum Püree geben. Mit etwas Zitronensaft, Tabascosauce, Zucker, Salz und reichlich Pfeffer würzen und zugedeckt kühlstellen.

Die Zitronen zackenförmig halbieren.

Wasser im Fischtopf erhitzen, die Kabeljausteaks auf den Einsatz legen und zugedeckt 3 Minuten dämpfen. Dann wenden und nochmals 4 bis 5 Minuten dämpfen.

Mit der Sauce anrichten, mit Zitronenstern und Petersilie garnieren.

Nährwerte pro Portion
Kilokalorien 690, Kilojoule 2890, Eiweiß/g 43, Kohlenhydrate/g 8, Fett/g 48, Ballaststoffe/g 0,6

Gedämpfte Wallersteaks

einfach, Blitzrezept
4 Portionen

- 600 g Steaks vom Waller
- 2 EL Zitronensaft
- Salz
- frisch gemahlener weißer Pfeffer
- etwas gemahlener Koriander
- Fett für den Dämpfeinsatz
- 300 ml Fischfond
- 3 EL eiskalte Butter

Die Wallersteaks abtupfen, mit Zitronensaft beträufeln, mit Salz, Pfeffer und Koriander würzen. Auf einen gefetteten Dämpfeinsatz legen.

Fischfond im Topf aufkochen, den Fisch einsetzen, den Deckel auflegen. 2 Minuten dämpfen, die Wallersteaks wenden und weitere 3 Minuten dämpfen. Warm stellen.

Die Butter in kleine Stücke schneiden, mit einem Schneebesen nach und nach unter den Fischfond schlagen, abschmecken und zum Waller servieren.

Dazu passen gedünsteter Brokkoli und Salzkartoffeln.

Nährwerte pro Portion
Kilokalorien 250, Kilojoule 1050, Eiweiß/g 29, Kohlenhydrate/g 0, Fett/g 13, Ballaststoffe/g 0

Das gebutterte Papier auf dem Lachs vermindert den unansehnlichen, weißen Film, den das fischeigene Eiweiß bildet.

Gedämpfter Lachs auf weißer Buttersauce

einfach, Blitzrezept
2 Portionen

- 300 g Lachsfilet am Stück
- 2 EL Zitronensaft
- Salz
- frisch gemahlener weißer Pfeffer
- Butter für den Dämpfeinsatz und für die Folie zum Abdecken
- 150 ml Fischfond
- 2 Schalotten
- 80 g eiskalte Butter
- 75 ml Champagner, Sekt oder Weißwein

Das Lachsfilet sehr sorgfältig auf Gräten untersuchen und diese herausziehen, dann den Fisch in 2 gleichmäßige Tranchen schneiden. Mit Zitronensaft beträufeln, salzen und pfeffern. Auf den gefetteten Dämpfeinsatz eines Topfes legen, mit gefettetem Pergamentpapier abdecken.

Fischfond im Topf aufkochen, den Dämpfeinsatz mit den Lachstranchen einhängen und den Deckel auflegen. 2 Minuten dämpfen, dann wenden und weitere 3 Minuten garen. Herausheben, warm stellen.

Die Schalotten abziehen, fein hacken und mit 1/4 der Butter in einer Pfanne etwas glasig werden lassen. Den Fischfond und den Champagner zugeben und musig einkochen. Mit Salz und Pfeffer würzen und dann die restliche, eiskalte Butter Stückchen für Stückchen einrühren, bis die Sauce Glanz und Bindung erhalten hat. Abschmecken und mit den Lachstranchen anrichten.

Zu diesem edlen Fischgericht schmeckt eine Mischung aus Langkorn- und Wildreis.

Nährwerte pro Portion
Kilokalorien 670, Kilojoule 2780, Eiweiß/g 31, Kohlenhydrate/g 1, Fett/g 56, Ballaststoffe/g 0,3

Tip *Beim Kauf des Wallers sollten Sie außer auf Qualität und Frische darauf achten, daß er genau den Maßen Ihres Fischtopfes entspricht. Ist der Fisch größer, müßten Sie den Kopf abtrennen, und die Fischplatte wäre nur noch halb so schön. Außerdem bleibt der Fisch beim Pochieren besser in Form, wenn Sie ihn am Vortag kaufen.*

Waller aus dem Wurzelsud

einfach, Blitzrezept
8 Portionen

- 250 g Wurzelgemüse (Lauch, Sellerie, Möhren, Petersilienwurzel)
- 1 Knoblauchzehe
- 2 Stengel Petersilie
- etwas Dill
- 2 unbehandelte Zitronen
- 5 EL Essig
- 1/4 l Weißwein
- 1 kleines Lorbeerblatt
- 5 weiße Pfefferkörner
- Salz
- 1 ganzer Waller von 1,5 kg
- 1 Bund krause Petersilie zum Garnieren

Die geputzten und grob geschnittenen Gemüse und Kräuter, eine halbe in Scheiben geschnittene Zitrone, den Essig, den Weißwein und die Gewürze mit soviel Wasser auffüllen, daß der Fischtopf zu 2/3 gefüllt ist. Diesen Sud 30 Minuten köcheln lassen.

Den ausgenommenen Waller vorsichtig waschen und aufrecht auf den Siebeinsatz des Fischtopfes setzen. Damit er auch während des Garens stehen bleibt, müssen Sie den Waller an mehreren Stellen fixieren. Das geht am besten mit umgebogenen Rouladennadeln, die Sie auf beiden Seiten von unten durch den Bauch stecken und zusätzlich noch mit Küchengarn am Locheinsatz befestigen.

Den Fischtopf vom Herd nehmen, den Sud etwas abkühlen lassen und den Waller vorsichtig hineinsetzen.

Den Sud auf höchstens 80°C erhitzen und den Waller 20 Minuten pochieren. Dann die erste Garprobe machen: Zupfen Sie ein wenig an der Rückenflosse. Wenn sie sich leicht löst, ist der Fisch fertig gegart.

Herausheben, vorsichtig auf eine Platte setzen und mit Zitronenscheiben und Petersiliensträußchen garnieren.

Nährwerte pro Portion
Kilokalorien 110, Kilojoule 470, Eiweiß/g 20, Kohlenhydrate/g 0, Fett/g 3, Ballaststoffe/g 0

Pochierter Kabeljau

einfach
4 Portionen

- 8 kleine Kabeljausteaks à 130 g
- 1 Zitrone
- Salz

Sud
- 1 Bund Suppengrün
- 2 Schalotten
- 1/2 l Weißwein
- 1 Lorbeerblatt
- 2 Gewürznelken
- 1 TL Pfefferkörner

Sauce Bâtarde
- je 1/2 Bund Petersilie und Basilikum
- 120 g Butter
- 20 g Mehl
- Salz
- 1 Eigelb
- 1 EL Zitronensaft vom Marinieren des Kabeljaus
- frisch gemahlener weißer Pfeffer

Der junge Kabeljau wird auch Dorsch genannt. Ein Klassiker von der Ostsee ist „Dorsch in gelber Sauce“. Dafür wird eine Béchamelsauce mit Fischsud zubereitet und mit reichlich gekochtem Eigelb verrührt. Die Dorschkoteletts sind pochiert.

Den Kabeljau waschen, trockentupfen, mit Zitronensaft beträufeln, salzen und zugedeckt in den Kühlschrank stellen.

Das Suppengrün waschen und grob zerschneiden. Die Schalotten abziehen und halbieren. In einem langen Fischtopf oder einem weiten Kochtopf 1 Liter Wasser mit dem Weißwein aufkochen, Suppengrün, Schalotten, die Gewürze und 2 Teelöffel Salz zugeben. Den Sud im geschlossenen Topf 15 Minuten köcheln lassen.

Mit einem Schaumlöffel Suppengrün und Schalotten herausheben und den Sud aufkochen. Die Kabeljausteaks einlegen, auf kleinste Hitze schalten und den Fisch im halbgeschlossenen Topf 6 bis 7 Minuten ziehen lassen.

Petersilie und Basilikum waschen, trockenschütteln und die Blätter fein hacken.

Für die Sauce 20 g Butter schmelzen und das Mehl darin anschwitzen. 1/4 Liter kochendes, leicht gesalzenes Wasser zugießen. Kräftig mit dem Schneebesen rühren und die Sauce 10 Minuten durchkochen lassen. Das Eigelb, 1 Eßlöffel eiskaltes Wasser und den Zitronensaft vom Marinieren des Kabeljaus miteinander verquirlen und in die Sauce rühren. Nicht mehr kochen lassen! Auf schwächster Hitze die restliche Butter in kleinen Stückchen unterschlagen und die Sauce mit Salz und Pfeffer abschmecken. Die gehackten Kräuter einrühren.

Die Kabeljausteaks aus dem Sud heben, gut abtropfen lassen und mit der Sauce servieren.

Dazu passen kleine Salzkartoffeln.

Nährwerte pro Portion
Kilokalorien 440, Kilojoule 1840, Eiweiß/g 37, Kohlenhydrate/g 4, Fett/g 28, Ballaststoffe/g 0,1

Gekochter Schellfisch mit Senfsauce

einfach, Blitzrezept
4 Portionen

Sud
- 2 Möhren
- 2 Petersilienwurzeln
- 1 Stück Knollensellerie
- 1 Zwiebel
- 2 Zitronen
- 1/2 l Weißwein
- 2 Lorbeerblätter
- 10 Pfefferkörner
- 4 Pimentkörner
- Salz

- 1,2 kg Schellfisch am Stück, küchenfertig

Senfsauce
- 35 g Butter
- 40 g Mehl
- 1/2 l Fischfond
- 3 EL scharfer Senf
- 2 Eigelb
- Salz
- frisch gemahlener weißer Pfeffer
- 1 Prise Zucker
- 1 EL Weinessig
- 1-2 EL Zitronensaft
- 1 Bund Dill

Möhren, Petersilienwurzeln, Sellerie und Zwiebel schälen und grob zerteilen. Eine Zitrone samt der weißen Haut schälen und in Scheiben schneiden.

Den Weißwein mit 1 1/2 Liter Wasser in einen langen Fischtopf geben, das Gemüse, die Zitrone und die Gewürze zugeben. Den Sud im geschlossenen Topf 15 Minuten köcheln lassen.

Den Schellfisch waschen. Die Hitze unter dem Sud auf kleinste Stufe schalten und den Schellfisch einlegen. Den Fisch im halbgeschlossenen Topf etwa 20 Minuten ziehen lassen (Garprobe an der Rückenflosse).

Für die Senfsauce die Butter in einem Topf bei schwacher Hitze zerlassen und das Mehl goldgelb anschwitzen. Mit heißem Fischfond ablöschen, die Sauce glattrühren und 20 Minuten köcheln lassen.

Inzwischen den Senf mit Eigelb, Salz, Pfeffer, Zucker, Essig und 1 Eßlöffel Zitronensaft verquirlen.

Den Dill waschen, trockenschütteln und die Blätter fein hacken.

Die Senfmischung in die heiße Sauce rühren, nicht mehr kochen, abschmecken und eventuell noch etwas Zitronensaft zugeben. Den Dill unterziehen.

Den Schellfisch im ganzen anrichten, mit Zitrone garnieren und die Senfsauce getrennt dazu reichen. Als Beilage passen Salzkartoffeln.

Nährwerte pro Portion
Kilokalorien 390, Kilojoule 1650, Eiweiß/g 55, Kohlenhydrate/g 9, Fett/g 12, Ballaststoffe/g 0,4

Karpfen blau

Den Karpfen vom Fischhändler küchenfertig vorbereiten und der Länge nach spalten (halbieren) lassen.

einfach, braucht Zeit
4 Portionen

- 1 Karpfen, ca. 1,5 kg
- Salz
- frisch gemahlener Pfeffer
- 1/8 l Weinessig
- 1 große Zwiebel
- 2 Bund Suppengrün
- 1/2 l Weißwein
- 5 Wacholderbeeren
- 2 Gewürznelken
- 7 schwarze Pfefferkörner
- 2 Lorbeerblätter
- 30 g Butter
- 30 g Mehl
- 125 g saure Sahne
- 1 Prise Zucker
- 3 Eigelb

Den Karpfen waschen und trockentupfen. Die Hälften innen mit Salz und Pfeffer würzen. Den Essig aufkochen und über den Karpfen gießen.

Die Zwiebel abziehen und halbieren. Das Suppengrün waschen und grob hacken.

1 Liter Salzwasser mit dem Weißwein zum Kochen bringen. Die Gewürze, Zwiebel und Suppengrün hineingeben und 10 Minuten kochen.

Den Karpfen in einen weiten Topf legen. Mit dem kochenden Gewürzsud begießen und bei kleiner Hitze zugedeckt 15 Minuten ziehen lassen. Dann den Fisch herausheben und warm halten. Den Sud durch ein Sieb gießen und 1/2 Liter Brühe abmessen.

Die Butter in einer Kasserolle zerlassen. Das Mehl einrühren und goldgelb anschwitzen. Den Fischsud unter Rühren angießen und 5 Minuten köcheln lassen. Die saure Sahne unterrühren und die Sauce mit Pfeffer, Salz und Zucker abschmecken.

Das Eigelb verquirlen. Die Sauce vom Herd nehmen und das Eigelb einrühren.

Den Karpfen auf einer vorgewärmten Platte anrichten und mit der Sauce überziehen.

Dazu Petersilienkartoffeln reichen.

Nährwerte pro Portion
Kilokalorien 400, Kilojoule 1660, Eiweiß/g 43, Kohlenhydrate/g 7, Fett/g 18, Ballaststoffe/g 0,2

***Variation:** Den Karpfen statt mit Béchamelsauce mit 125 g zerlassener Butter servieren.*

Aal grün in Dillsauce

Aal vom Fischhändler ausnehmen und die Haut abziehen lassen

einfach
4 Portionen

- 750 g frischer Aal
- Salz
- Saft von 1 Zitrone
- 1 Bund Suppengrün
- 100 ml milder Weißweinessig
- 5 weiße Pfefferkörner
- 1 Lorbeerblatt
- 40 g Butter
- 40 g Mehl
- 1/8 l Weißwein
- frisch gemahlener weißer Pfeffer
- 1 Prise Zucker
- 2 Bund Dill
- 125 g Schlagsahne
- 1 Eigelb

Den Aal waschen, trockentupfen und in Portionsstücke schneiden. Mit Salz einreiben und mit dem Zitronensaft beträufeln. 10 Minuten ziehen lassen.

Das Suppengrün waschen.

In einem Topf 1 Liter Wasser mit dem Weinessig, Suppengrün, weißen Pfefferkörnern und Lorbeerblatt zum Kochen bringen. Die Temperatur herunterschalten. Den Aal in das simmernde Wasser legen und bei kleinster Hitze zugedeckt 20 Minuten ziehen lassen. Dann herausheben und abtropfen lassen. Den Fischsud abseihen.

In einer Kasserolle die Butter zerlassen. Das Mehl einrühren und goldgelb anschwitzen. 600 ml Fischsud unter Rühren angießen, Weißwein zufügen und 5 Minuten köcheln lassen. Mit Pfeffer, Zucker und Salz abschmecken.

Den Dill waschen, trockenschütteln und fein hacken. In die Sauce geben.

Die Schlagsahne mit dem Eigelb verquirlen und die Sauce damit binden, nicht mehr kochen. Aalstücke einlegen und in der Sauce noch einmal erwärmen. In einer vorgewärmten Schüssel anrichten.

Mit Salzkartoffeln servieren.

Nährwerte pro Portion
Kilokalorien 470, Kilojoule 2000, Eiweiß/g 37, Kohlenhydrate/g 10, Fett/g 26, Ballaststoffe/g 0,5

Forelle blau

Forellen vom Fischhändler küchenfertig vorbereiten lassen

einfach, Blitzrezept
4 Portionen

- 1 Bund Suppengrün
- 1 Zwiebel
- 1/2 l Weißwein
- 1 Lorbeerblatt
- Salz
- 1/2 TL Pfefferkörner
- 4 Forellen à 350 g
- 1/8 l Weißweinessig
- 1 Zitrone

Das Suppengrün waschen. Die Zwiebel abziehen und vierteln.

In einem großen Topf, der die Forellen faßt, den Weißwein mit 2 Liter Wasser, dem Lorbeerblatt, 1 Teelöffel Salz und den Pfefferkörnern 10 Minuten köcheln lassen.

Inzwischen die Forellen unter kaltem Wasser abspülen und auf eine Platte oder ein Backblech legen. Den Essig aufkochen und über die Fische verteilen, damit sie blau werden.

Die Forellen samt Essig in den Sud geben und bei kleiner Hitze zugedeckt in 15 Minuten garziehen lassen.

Die Zitrone achteln. Die Forellen aus dem Sud heben und mit der Zitrone servieren.

Dazu geklärte Butter reichen, Dillkartoffeln und grünen Salat.

Nährwerte pro Portion
Kilokalorien 200, Kilojoule 820, Eiweiß/g 39, Kohlenhydrate/g 0, Fett/g 2, Ballaststoffe/g 0

Mandelforelle

einfach, Blitzrezept
4 Portionen

- 4 Forellen à 350 g, küchenfertig
- Salz
- frisch gemahlener weißer Pfeffer
- 3 Zitronen
- 1 Ei
- 4 EL Mehl
- 200 g Mandelblätter
- 2 EL Öl
- 2 EL Butter

Die Forellen unter fließendem Wasser waschen und trockentupfen. Mit Salz und Pfeffer außen und innen einreiben und mit dem Saft von 1 Zitrone beträufeln. Etwa 10 Minuten ziehen lassen.

Das Ei in einem tiefen Teller verquirlen. Das Mehl in einen zweiten Teller geben, die Mandelblätter in einen dritten. Die Forellen nacheinander in Mehl, dann in Ei und zuletzt in den Mandelblättern wenden. Die Panade leicht andrücken.

Öl und Butter in einer ausreichend großen Pfanne erhitzen. Die Fische bei kleiner Hitze auf jeder Seite etwa 8 Minuten braten.

Die fertigen Mandelforellen aus der Pfanne heben und mit Zitrone servieren.

Dazu schmecken in Butter gedünstete Frühlingszwiebeln, Petersilienkartoffeln und Blattsalat.

Nährwerte pro Portion
Kilokalorien 500, Kilojoule 2100, Eiweiß/g 45, Kohlenhydrate/g 6, Fett/g 30, Ballaststoffe/g 3,6

Gebratene Felchen

einfach, Blitzrezept
4 Portionen

- 4 Felchen à 250 g, küchenfertig
- Salz
- Saft von 1 Zitrone
- 2 Bund glatte Petersilie
- 200 g Champignons
- 1 kleine Zwiebel
- 100 g roher Schwarzwälder Schinken am Stück
- 2 EL Butter
- 1/8 l Weißwein
- 250 g Schlagsahne
- 2 EL Mehl
- 3 EL Öl
- 1 EL frischer Thymian
- frisch gemahlener weißer Pfeffer

Die Felchen waschen, trockentupfen und innen und außen mit Salz einreiben. Mit dem Zitronensaft beträufeln.

Die Petersilie waschen, trockenschütteln und in die Bauchhöhlen der Fische legen.

Die Champignons putzen und blättrig schneiden. Die Zwiebel abziehen und fein hacken. Den Schinken in kleine Würfel schneiden.

1 Eßlöffel Butter in einer beschichteten Pfanne zerlassen. Zwiebel und Schinken anbraten. Die Champignons zufügen und unter Rühren braten, bis die Garflüssigkeit verdampft ist.

Weißwein und Sahne angießen. Zugedeckt 10 Minuten bei kleiner Hitze köcheln lassen.

Die Fische im Mehl wenden, überschüssiges Mehl abklopfen.

Das Öl und die restliche Butter in einer großen Pfanne erhitzen und die Fische auf jeder Seite etwa 5 Minuten braten.

Die Champignonsauce mit Thymian, Salz und Pfeffer würzen. Die gebratenen Felchen auf vorgewärmten Tellern anrichten und die Sauce darübergeben.

Nährwerte pro Portion
Kilokalorien 650, Kilojoule 2740, Eiweiß/g 33, Kohlenhydrate/g 7, Fett/g 51, Ballaststoffe/g 14

Tomatentopf mit Lotte und Artischocken

einfach, Blitzrezept
4 Portionen

- 3 EL Olivenöl
- 1 Knoblauchzehe
- 1 große Dose geschälte Tomaten, 800 g
- 2-3 EL Tomatenmark
- Salz
- frisch gemahlener schwarzer Pfeffer
- 2 kleine Dosen Artischockenherzen, 800 g
- 500 g Lotte (Seeteufel), küchenfertig

Das Öl in einem Topf erhitzen. Den Knoblauch abziehen und in das Öl pressen, dann sofort mit den geschälten Tomaten samt dem Saft ablöschen. Die Tomaten zerdrücken, mit Tomatenmark, Salz und Pfeffer würzen, auf schwacher Hitze etwas einkochen lassen.

Die Artischockenherzen abgießen, gut abtropfen lassen, nach Belieben halbieren und in die Tomatensauce legen.

Den Fisch von sämtlichen Häutchen befreien und in große Würfel schneiden, leicht salzen und pfeffern.

Wenn die Tomatensauce musig eingekocht ist, die Fischwürfel einlegen und bei schwacher Hitze 5 Minuten ziehen lassen. Das Gericht mit Salz und Pfeffer abschmecken.

Nährwerte pro Portion
Kilokalorien 270, Kilojoule 1150, Eiweiß/g 27, Kohlenhydrate/g 14, Fett/g 10, Ballaststoffe/g 6,4

Maischolle mit Speck

einfach, Blitzrezept
4 Portionen

- 4 Schollenhälften à 200 g
- Saft von 1 Zitrone
- Salz
- 4 EL Mehl
- 100 g Butter
- 125 g Frühstücksspeck
- frisch gemahlener weißer Pfeffer

Die Schollenfilets waschen und mit Küchenpapier trockentupfen. Mit dem Zitronensaft beträufeln und leicht salzen. 10 Minuten ziehen lassen.

Die Fischfilets nochmals trockentupfen und im Mehl wenden.

Die Butter in einer Kasserolle klären. Dazu die Butter erhitzen, bis das Wasser verdampft. Dann den Schaum, der auf der Butter schwimmt, abheben. Geklärte Butter vom Herd nehmen.

Den Frühstücksspeck in kleine Streifen schneiden und in 2 trockenen Pfannen auslassen, bis er knusprig ist.

Den Speck aus der Pfanne heben, die geklärte Butter hineingeben und die Schollenfilets auf beiden Seiten je 5 Minuten goldbraun braten.

Den Fisch aus der Pfanne heben, auf einer vorgewärmten Platte anrichten und etwas Pfeffer darübermahlen. Den Speck noch einmal kurz in der Pfanne erhitzen und über die Schollenfilets verteilen.

Dazu schmecken Petersilienkartoffeln.

Nährwerte pro Portion
Kilokalorien 620, Kilojoule 2590, Eiweiß/g 39, Kohlenhydrate/g 7, Fett/g 44, Ballaststoffe/g 0,2

Seezunge Müllerin Art

Seezungen vom Fischhändler küchenfertig vorbereiten lassen.

einfach, Blitzrezept
4 Portionen

- 4 Seezungen à 300 g
- Salz
- frisch gemahlener weißer Pfeffer
- 2 Zitronen
- 2 EL Mehl
- 6 EL Butter
- 2 EL Öl

Die Seezungen waschen, trockentupfen, mit Salz und Pfeffer würzen und mit etwas Zitronensaft beträufeln. 5 Minuten ziehen lassen.

Die Fische im Mehl wenden und das überschüssige Mehl abklopfen.

In 2 Pfannen jeweils 2 Eßlöffel Butter und 1 Eßlöffel Öl erhitzen. Die Seezungen mit der Unterseite in die Pfannen legen und bei mittlerer Hitze 4 Minuten braten. Dann die Fische vorsichtig wenden und weitere 6 Minuten braten. Seezungen aus der Pfanne heben und auf einer vorgewärmten Platte warm stellen.

Die restliche Butter in einem Pfännchen leicht bräunen und über die Seezungen gießen. Mit Zitronenspalten servieren.

Dazu passen Salzkartoffeln und Blattspinat.

Nährwerte pro Portion
Kilokalorien 410, Kilojoule 1730, Eiweiß/g 35, Kohlenhydrate/g 4, Fett/g 26, Ballaststoffe/g 0,2

Rotbarbe in Zitronen-Kräutersauce

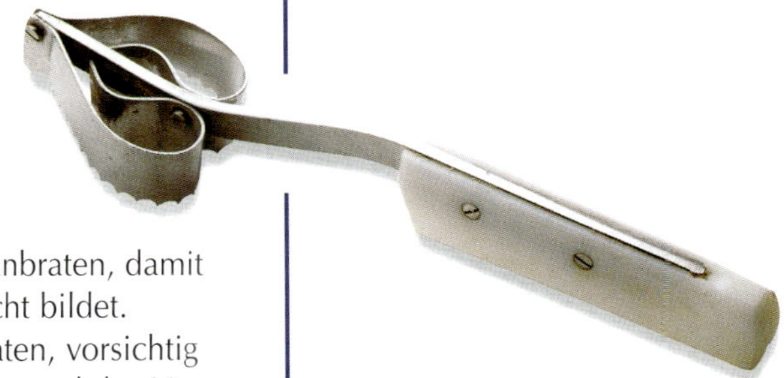

einfach, Blitzrezept
4 Portionen

- 4 Rotbarben
- Salz
- frisch gemahlener Pfeffer
- 6 EL Olivenöl
- 6 Knoblauchzehen
- 2 Stengel frischer Salbei
- 1 Bund glatte Petersilie
- 1 Fleischtomate
- Saft von 1/2 Zitrone
- 100 ml Weißwein
- 80 g kalte Butter

Die ausgenommenen Rotbarben schuppen waschen, trockentupfen und mit Salz und Pfeffer würzen.

In einer schweren Eisenpfanne die Hälfte des Öls erhitzen und drei ungeschälte, halbierte Knoblauchzehen hineingeben.

Wenn das Öl sehr heiß geworden ist, 2 Rotbarben hineingeben und bei guter Hitze schnell rundherum anbraten, damit sich eine schützende Schicht bildet.

Noch ca. 4 Minuten braten, vorsichtig herausnehmen, warmstellen und den Vorgang mit den restlichen Rotbarben wiederholen. Die Knoblauchzehen entfernen.

Für die Sauce den Salbei und die Petersilie waschen und trockenschütteln. Die Salbeiblättchen abzupfen, die Petersilie zupfen und grob hacken. Die Tomate in Scheiben schneiden.

Zusammen mit den Rotbarben in die Pfanne geben, bei geringer Hitze nochmals kurz ziehen lassen. Die Fische mit den Tomatenscheiben auf die Teller legen.

Den Bratensatz mit dem Zitronensaft und dem Weißwein ablöschen und die Butter in Flöckchen einrühren, bis die Sauce Glanz und Bindung zeigt. Nochmals mit Salz und Pfeffer würzen.

Nährwerte pro Portion
Kilokalorien 520, Kilojoule 2180, Eiweiß/g 44, Kohlenhydrate/g 2, Fett/g 32, Ballaststoffe/g 0,9

Eine wohlschmeckende Variante zum freitäglichen Fischfilet mit Kartoffelsalat.

Goldbarschfilet mit Champignonsauce

einfach, Blitzrezept
4 Portionen

- 4 Goldbarschfilets
- Salz
- Saft von 1 Zitrone
- Mehl zum Wenden
- 2 EL Butterschmalz

Sauce
- 500 g frische Champignons
- 2 Schalotten oder 1 kleine Zwiebel
- 2 EL Butter
- 1 EL Mehl
- 100 ml Weißwein
- 250 g Schlagsahne
- frisch gemahlener weißer Pfeffer
- 1 Bund glatte Petersilie

Die Fischfilets waschen, trockentupfen, salzen und mit Zitronensaft beträufeln. Den Fisch ruhen lassen, während die Sauce zubereitet wird.

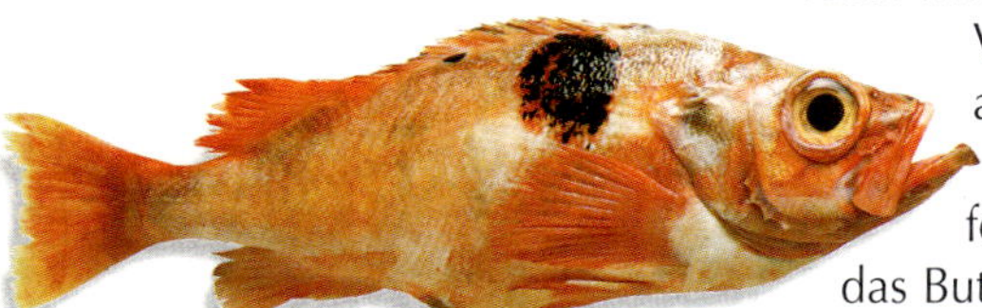

Vor dem Braten die Fischfilets abtropfen lassen, in Mehl wenden und überschüssiges Mehl abklopfen. In 1 großen oder in 2 Pfannen das Butterschmalz erhitzen, die Fischfilets einlegen und bei mittlerer Hitze auf beiden Seiten insgesamt 8 Minuten braten. Nach 3 Minuten wenden und eventuell noch etwas Fett nachgeben.

Für die Sauce die Champignons waschen, putzen und in nicht zu dünne Scheiben schneiden. Die Schalotten abziehen und sehr fein hacken.

Die Butter in einer Stielkasserolle zerlassen und die Champignons darin bei starker Hitze wenden. Wenn die Pilze etwas geschrumpft sind, die Schalotten zugeben und mitdünsten. Schwach salzen.

1 Eßlöffel Mehl über die Pilze stäuben und den Weißwein angießen. Wenn das Mehl gebunden hat, die Schlagsahne zu gießen. Salzen, pfeffern und die Sauce bei mittlerer Hitze sämig einkochen lassen.

Die Petersilie waschen, trockenschütteln und die Blätter fein hacken. Die Sauce mit einigen Tropfen Zitronensaft, Salz und Pfeffer abschmecken und die Petersilie einrühren.

Die gebratenen Goldbarschfilets mit der Champignonsauce servieren.

Dazu passen Brunnenkresse und kleine Salzkartoffeln.

Nährwerte pro Portion
Kilokalorien 540, Kilojoule 2280, Eiweiß/g 37, Kohlenhydrate/g 9, Fett/g 37, Ballaststoffe/g 3,0

Gebratene Lachskoteletts

einfach, Blitzrezept
4 Portionen

- 4 Fenchelknollen
- 4 Lachskoteletts, à 150 g
- Salz
- frisch gemahlener weißer Pfeffer
- 4 EL Öl
- 4 EL Butter
- 1 EL gekörnte Brühe
- Saft von 1 Zitrone

Die Fenchelknollen putzen, waschen und senkrecht in fingerdicke Scheiben schneiden.

Die Lachskoteletts waschen, mit Küchenpapier trockentupfen, schwach salzen und pfeffern.

In zwei großen Pfannen - für den Lachs am besten eine beschichtete Pfanne - je 2 Eßlöffel Öl und Butter aufschäumen lassen. Die Fenchelscheiben in einer Pfanne bei guter Mittelhitze braun anbraten. Die Lachskoteletts in der zweiten Pfanne bei schwacher Hitze 4 Minuten braten, dann wenden.

Die gekörnte Brühe über den rundum angebratenen Fenchel streuen und 200 ml heißes Wasser angießen. Den Fenchel weiterhin bei guter Mittelhitze garen, wobei die Brühe einkocht.

Fenchel und Lachs insgesamt etwa 10 Minuten braten. Kurz vor Ende der Garzeit etwas Zitronensaft über den Fisch und das Gemüse träufeln. Der Lachs ist gar, wenn das Fleisch an der Mittelgräte durch und durch blaß und fest ist.

Jedes Lachskotelett auf dem Fenchelgemüse portionsweise anrichten.

Dazu Baguette reichen oder Salzkartoffeln und etwas flüssige Butter.

Nährwerte pro Portion
Kilokalorien 590, Kilojoule 2450, Eiweiß/g 33, Kohlenhydrate/g 4, Fett/g 45, Ballaststoffe/g 2,8

Ein Rezept aus Niederösterreich. Dort heißt der Kartoffelsalat natürlich Erdäpfelsalat.

Gebratener Karpfen mit Kartoffelsalat

einfach
2 Portionen

Kartoffelsalat
- 600 g Salatkartoffeln
- Salz
- 100 ml Fleischbrühe
- 3 EL Weißweinessig
- 3 EL Öl
- frisch gemahlener Pfeffer
- 1 rote Zwiebel
- 1/2 Bund Schnittlauch

- 1 Karpfen, vom Fischhändler gespalten
- Salz
- frisch gemahlener Pfeffer
- Mehl
- 4 EL Butterschmalz

Zum Garnieren
- 1 Zitrone
- 1 Bund krause Petersilie

Die Kartoffeln waschen und mit Salzwasser als Pellkartoffeln kochen. Die gekochten Kartoffeln pellen und etwas abkühlen lassen.

Die Fleischbrühe mit Essig, Öl und Pfeffer verrühren. Die Zwiebel abziehen und fein hacken. Den Schnittlauch waschen, trockenschütteln und in feine Röllchen schneiden.

Die lauwarmen Kartoffeln in Scheiben schneiden, mit der gewürzten Brühe übergießen und mit der roten Zwiebel vermischen. Den Salat in der zugedeckten Schüssel ziehen lassen.

Die beiden Karpfenhälften waschen, trokkentupfen, salzen und pfeffern. Rundherum sorgfältig in Mehl wenden. Je 2 Eßlöffel Butterschmalz in 2 Pfannen erhitzen und die Karpfenhälften zuerst auf der Hautseite 5 Minuten anbraten. Dann wenden und bei mittlerer Hitze weitere 15 Minuten braten.

Vor dem Servieren den Kartoffelsalat mit Salz und Pfeffer abschmecken und den Schnittlauch darüberstreuen. Jede Karpfenhälfte auf einer vorgewärmten Platte anrichten und mit einer Zitronenhälfte und 1/2 Bund krauser Petersilie garnieren.

Nährwerte pro Portion
Kilokalorien 980, Kilojoule 4115, Eiweiß/g 56, Kohlenhydrate/g 56, Fett/g 52, Ballaststoffe/g 8,0

Tip Kurz vor Ende der Garzeit Wacholder- oder Rosmarinzweige auf die Glut legen, um die Fische in dem aromatischen Rauch zu würzen.

Steckerlfische

einfach, braucht Zeit
8 Portionen

- 1 Graben, 150 x 50 cm
- Holz oder Holzkohle
- 8 Steckerl (Vierkanthölzer, 1 cm stark, 1 m lang)
- 8 Forellen, Renken oder kleine Makrelen à 400 g
- Salz
- Öl

Den Graben 10 - 15 cm tief ausheben. Wenn das im Rasen geschieht, gleichmäßige Schollen abstechen und als Wall mit der Grasseite nach unten an den Grabenrand legen. So kann der Rasen später, gut gewässert, auf die gelöschte Glut gesetzt werden, und die Grasfläche schließt sich wieder. Ob Sie Holz verbrennen, um die richtige Glut zu erhalten, oder Holzkohle verwenden, bleibt Ihnen überlassen. Die Steckerl gibt es in Baumärkten.Sie müssen an einem Ende angespitzt werden.

Die küchenfertigen Fische gründlich waschen, innen und außen trockentupfen und salzen. Mit der Steckerlspitze in das Maul durch den Fisch hindurch und vor dem Schwanz wieder hinaus stechen. Den Fisch ans stumpfe Ende schieben und das Steckerl mit der Spitze so in den Boden stecken, daß der Fisch in 30 - 40 cm Höhe über der Glut steht. Auf diese Art alle Fische, abwechselnd von links und rechts, über die Glut stecken. Die Fische leicht mit Öl bestreichen und je nach Hitze ca. 1 Stunde garen. In dieser Zeit die Steckerl mit den Fischen mehrfach drehen. Vor dem Servieren zur Garprobe an der Rückenflosse ziehen: Sie muß sich ohne Widerstand lösen.

Zu den Steckerlfischen frische Butter oder Kräuterbutter reichen. Dazu passen Folienkartoffeln, die man gleich in der Glut mitgaren kann.

Nährwerte pro Portion
Kilokalorien 980, Kilojoule 4115, Eiweiß/g 56, Kohlenhydrate/g 56, Fett/g 52, Ballaststoffe/g 8,0

Lachsforelle, gebraten

einfach, Blitzrezept
4 Portionen

Sauerampfersauce
- 2 Schalotten
- 1/2 El Butter
- 100 ml Weißwein
- 200 ml Fischfond (Glas)
- 200 g Schlagsahne
- frisch gemahlener weißer Pfeffer
- 1 Bund Sauerampfer

- 1 Lachsforelle, 1,2 kg
- 3 Zitronen
- etwas Mehl
- 6 EL Öl

Gemüsenudeln
- 200 g weiße Bandnudeln
- 1-2 lange Möhren
- 1-2 lange Zucchini
- 1 Lauchstange
- 1 EL Butter

Die Schalotten abziehen, sehr fein hacken und in der Butter glasig dünsten. Mit dem Weißwein ablöschen, einmal aufkochen und Fischfond und Schlagsahne zugießen. Die Sauce auf mittlerer Hitze um 1/3 einkochen lassen und dann mit Salz und Pfeffer abschmecken.

Den Sauerampfer verlesen, waschen, trockenschütteln und die Stiele entfernen. Die Blätter in Streifen schneiden. Etwas Sauce in einen Mixbecher geben und abkühlen lassen. Den Sauerampfer zugeben und pürieren. Das Püree erst vor dem Servieren unter die Sauce rühren.

Während die Sauce einkocht, die Lachsforelle braten:

Den Fisch gründlich waschen, innen und außen trockentupfen. Mit Salz, Pfeffer und dem Saft 1 Zitrone einreiben. Etwas Mehl auf ein Tablett streuen, die Forelle darin wenden und überschüssiges Mehl abklopfen. Das Öl in einem langen Bräter erhitzen, die Temperatur zurückschalten und die Forelle bei mittlerer Hitze 5 Minuten braten, wenden und auf der anderen Seite weitere 10 Minuten braten.

Nun die Garprobe machen: Vorsichtig an der Rückenflosse ziehen, wenn sie sich leicht löst, ist der Fisch gar. Anderenfalls die Forelle weitere 4 bis 5 Minuten braten.

Den fertigen Fisch auf eine vorgewärmte Platte legen und mit Zitronenhälften und Kräutern garnieren. Die Forelle bei Tisch portionieren. Dazu in einer vorgewärmten Sauciere die Sauerampfersauce reichen.

Als Beilage passen folgende Gemüsenudeln.

Gemüsenudeln

Die Bandnudeln in Salzwasser bißfest kochen.

Die Möhren schälen und mit den Zucchini in sprudelnd kochendem Wasser 3 Minuten angaren. Herausheben und mit dem Zestenreißer möglichst viele Gemüsestreifen abziehen. Die Lauchstange putzen, waschen und in dünne Streifen schneiden. Die Streifen im Gemüsewasser kurz blanchieren.

Die gegarten Bandnudeln abgießen. Die Butter in einer Pfanne zerlassen, Nudeln und Gemüsestreifen darin mischen und wenden. Mit Salz abschmecken.

Nährwerte pro Portion
Kilokalorien 770, Kilojoule 3210, Eiweiß/g 44, Kohlenhydrate/g 41, Fett/g 43, Ballaststoffe/g 4,5

Tip

Thailändischer Grillfisch kann auch in der Grillpfanne oder auf einem Backblech unter dem Infragrill im Backofen zubereitet werden. Gegrillte Fische und Meeresfrüchte sofort servieren und verschiedene thailändische Würzsaucen dazu reichen.

Thailändischer Grillfisch

einfach, Blitzrezept
4 Portionen

- 4 kleine Portionsfische wie Rote Meerbarbe, Brasse oder Barsch, je etwa 250 g
- 300 g Seeteufel (Lotte)
- 8 Seppioline (bei größeren Tintenfischen nur 1 pro Portion)
- 4 rohe Riesengarnelen
- 2 Knoblauchzehen
- 2 getrocknete rote Chilischoten
- Saft von 1 Limette
- 1 EL helle Sojasauce
- 1/2 TL Salz
- 6 EL Öl

Die ganzen Fische sollten ausgenommen und geschuppt sein, die Tintenfische ausgenommen und gehäutet. Alle Fische und Meeresfrüchte gründlich waschen und mit Küchenpapier trockentupfen.

Den Seeteufel von allen Häutchen befreien, der Länge nach vierteln und in etwa 12 cm lange Streifen von nicht mehr als 1 cm Stärke schneiden.

Die kleinen Seppioline samt Kopf verwenden oder die Köpfe entfernen und die Säckchen halbieren. Von größeren Tintenfischen nur die Körpersäcke verwenden.

Die Knoblauchzehen abziehen, die Chilischoten entkernen und mit dem Knoblauch und Chili fein hacken. Limettensaft, Sojasauce, Salz, Knoblauch und Chili verrühren und 3 Eßlöffel Öl unterschlagen.

Ganze Fische, Seeteufelstreifen, Tintenfische und Garnelen auf dünne Holzspieße stecken (siehe Foto). Alles in eine tiefe Platte legen, mit der Marinade bestreichen und 30 Minuten ziehen lassen. Mehrmals wenden.

Zum Grillen die Spieße aus der Marinade heben, mit dem restlichen Öl betupfen und auf dem gut gefetteten Grill bei schwacher Hitze auf beiden Seiten garen. Die Seeteufelspieße brauchen nur 2 bis 3 Minuten, Tintenfische und Garnelen etwa doppelt so lang und die ganzen Fischlein insgesamt 10 bis 12 Minuten.

Nährwerte pro Portion
Kilokalorien 360, Kilojoule 1500, Eiweiß/g 35, Kohlenhydrate/g 24, Fett/g 2, Ballaststoffe/g 0,2

Nach dem Kochen sind die Tintenfische bereits wie Tüten geöffnet – ideal zum Füllen. Sie können auch in der Pfanne gebraten oder geschmort werden.

Gefüllter Tintenfisch vom Grill

einfach
4 Portionen

- 4 mittelgroße Tintenfische (Calamari) à 150 g
- Salz
- 1 Bund glatte Petersilie
- 2 Stengel Basilikum
- 1 Stengel Minze
- 2 Knoblauchzehen
- 1 EL Pinienkerne
- 1 EL Rosinen
- 4 EL gekochter Reis
- 2 Eigelb
- abgeriebene Schale von 1/2 Zitrone
- frisch gemahlener weißer Pfeffer
- Öl zum Bestreichen

Die Tintenfische säubern, dazu die feine Haut abziehen, Kopf, Tintenbeutel und Fischbein entfernen. Tintenfische gründlich unter fließendem Wasser waschen und gut abtropfen lassen. Den Kranz mit den Fangarmen vom Kopf abschneiden. Tintenfische samt der Fangarme 10 Minuten in Salzwasser köcheln, dann abschütten und etwas auskühlen lassen.

Die Kräuter waschen und trockenschütteln. Den Knoblauch abziehen. Für die Füllung die Fangarme mit den Kräutern, Knoblauch, Pinienkernen und Rosinen fein hacken. Mit dem Reis und dem Eigelb gut vermengen und mit Zitronenschale, Salz und Pfeffer würzen.

Die Tintenfische damit füllen und mit Zahnstochern zustecken. Mit Öl bestreichen und auf dem Grillrost bei mittlerer Hitze 12-15 Minuten garen, dabei mehrmals wenden und mit Öl bestreichen.

Nährwerte pro Portion
Kilokalorien 240, Kilojoule 1000, Eiweiß/g 23, Kohlenhydrate/g 9, Fett/g 12, Ballaststoffe/g 0,5

Gegrillte Thunfischkoteletts

einfach, braucht Zeit
4 Portionen

- 2 Thunfischkoteletts à 500 g
- Salz
- frisch gemahlener Pfeffer
- 1/4 l Öl zum Marinieren
- 2 Knoblauchzehen
- 1 Zwiebel
- 2 Lorbeerblätter
- 1 Zweig Rosmarin

Die Thunfischkoteletts waschen, trockentupfen und mit Salz und Pfeffer würzen. In eine flache Schüssel legen und mit dem Öl begießen.

Den Knoblauch und die Zwiebel abziehen und grob hacken. Mit den Lorbeerblättern und dem Rosmarinzweig zum Fisch geben und zugedeckt 1 Stunde ziehen lassen. Mehrmals wenden.

Dann die Fischkoteletts aus der Marinade heben und auf dem Grillrost bei mittlerer Hitze auf jeder Seite etwa 8 Minuten grillen, dabei gelegentlich mit dem Marinadeöl bestreichen.

Als Beilage mit dem Thunfisch Gemüsespieße grillen. Zum Fisch schmeckt auch Grüne Sauce.

Nährwerte pro Portion
Kilokalorien 410, Kilojoule 1700,
Eiweiß/g 43, Kohlenhydrate/g 0,
Fett/g 26, Ballaststoffe/g 0

Fisch aus dem Ofen

Heilbutt, mit Muscheln überbacken

einfach, braucht Zeit, zum Einfrieren
4 Portionen

Sauce
- 40 g Butter
- 50 g Mehl
- 400 ml Fischfond
- 200 ml Weißwein
- 400 g Schlagsahne
- Salz
- frisch gemahlener weißer Pfeffer
- frisch geriebene Muskatnuß

- 1 Schalotte
- 1 Knoblauchzehe
- 1 EL Butter
- 1/4 l Weißwein
- 1 TL Pfefferkörner
- 1 kg gemischte Muscheln oder kleine Miesmuscheln
- 2 Eigelb
- 2 Fleischtomaten

- 2 große Scheiben Heilbutt, je ca. 450 g
- 1 EL Butter

Für die Sauce die Butter zerlassen, das Mehl darin hell anschwitzen und unter ständigem Rühren die verschiedenen Flüssigkeiten zugießen. Die Sauce bei schwacher Hitze fast auf die Hälfte einkochen lassen, gelegentlich umrühren und dann mit Salz, Pfeffer und Muskatnuß abschmecken.

Die Schalotte und die Knoblauchzehe abziehen und grob hacken. Die Butter in einem weiten, flachen Topf zerlassen, Schalotte und Knoblauch darin anschwitzen und mit dem Weißwein ablöschen. Schwach salzen, die Pfefferkörner zugeben und den Sud bei mittlerer Hitze köcheln lassen.

Die Muscheln unter fließendem Wasser waschen, eventuell bürsten und von den Miesmuscheln den Bart entfernen. Die Muscheln in den kochenden Sud legen, den Topf fest mit dem Deckel verschließen und die Muscheln bei starker Hitze 4 bis 5 Minuten garen. Den Topf immer wieder rütteln.

Die gegarten Muscheln aus dem Sud heben, geschlossene Muscheln wegwerfen, einige Muscheln zur Dekoration in der Schale lassen, die anderen ausbrechen.

Den Muschelsud abseihen und 100 ml davon mit dem Eigelb verrühren und die Sauce damit binden. Nicht mehr kochen lassen! Alle Muscheln in die Sauce legen. Den restlichen Muschelsud in die Form gießen, in der das Gericht überbacken werden soll.

Die Tomaten blanchieren, die Haut abziehen, die Kerne entfernen und das Tomatenfleisch würfeln. Tomaten und alle Muscheln unter die Sauce heben.

Die Heilbuttscheiben waschen, trockentupfen und quer halbieren. Die Hälften nebeneinander in die Form legen, mit dem Deckel oder mit Alufolie leicht abdecken und im vorgeheizten Backofen bei 180°C 10 Minuten pochieren.

Die Form aus dem Ofen nehmen, die Heilbuttscheiben herausheben und auf Küchenpapier abtropfen lassen, den Sud abgießen und den Boden der Form mit der Butter ausstreichen. Die Fischscheiben gewendet wieder in die Form legen und die Muschelsauce darüber verteilen. Das Gericht im Backofen bei 250°C und Oberhitze überbacken, bis die Sauce Farbe annimmt, aber nicht länger als 10 Minuten - lieber noch den Grill zuschalten!

Den Heilbutt in der Form auftragen oder portionsweise auf vorgewärmten Tellern anrichten: Je 1 Heilbuttscheibe mit Sauce und ganzen Muscheln auf ein Bett aus Blattspinat legen und mit Safran gewürzten Reis dazu reichen.

Nährwerte pro Portion
Kilokalorien 890, Kilojoule 3720, Eiweiß/g 63, Kohlenhydrate/g 18, Fett/g 56, Ballaststoffe/g 1,9

Thunfisch mit Tomate

einfach, zum Einfrieren
4 Portionen

- 4 dünne Scheiben frischer Thunfisch, à 150 g
- Salz
- 1/2 Zitrone
- 20 g Mehl
- 200 ml Öl
- 1 Zwiebel
- 500 g reife Tomaten
- 1 Lorbeerblatt
- 1 Prise Zucker
- 8 rohe, geschälte Garnelenschwänze
- 2 Knoblauchzehen
- 1 Bund glatte Petersilie

Den Thunfisch waschen, trockentupfen, salzen und mit Zitronensaft beträufeln. Die abgetropften Scheiben mit Mehl bestäuben.

Das Öl in einer Pfanne erhitzen und den Thunfisch rundherum 5 Minuten braten.

Aus der Pfanne heben und in eine feuerfeste Form legen.

Die Zwiebel abziehen und fein hacken. Die Tomaten häuten, entkernen und grob hacken. Die Zwiebel und die Tomaten im verbliebenen Öl in der Pfanne andünsten und mit Lorbeerblatt und Zucker würzen. Die Sauce musig einkochen lassen.

Die Garnelenschwänze waschen, am Rükken einschneiden und entdarmen. Die Garnelen auf die vorgebratenen Thunfischscheiben in der Form legen und das Tomatenmus darüber verteilen.

Die Knoblauchzehen abziehen, die Petersilie waschen, trockenschütteln und die Blätter mit dem Knoblauch fein hacken. Das Gericht mit der Mischung bestreuen und in den vorgeheizten Backofen auf die untere Schiene stellen. Den Thunfisch bei 200°C 15 Minuten backen.

In der Form servieren.

Nährwerte pro Portion
Kilokalorien 630, Kilojoule 2640, Eiweiß/g 42, Kohlenhydrate/g 13, Fett/g 41, Ballaststoffe/g 4,0

Kabeljau im Gemüsebett

einfach, Blitzrezept
4 Portionen

- 1 Kabeljau ohne Kopf, ca. 1 kg
- Salz
- frisch gemahlener Pfeffer
- 4 Blättchen Salbei oder 1/2 Bund Basilikum
- 1 TL Rosmarin
- 1 Bund glatte Petersilie

Gemüsebett
- 1 kg Fleischtomaten
- je 1 grüne und gelbe Paprikaschote
- 300 g Zucchini
- 2 Stangen Sellerie
- 200 g weiße Rübchen
- 1 Bund Frühlingszwiebeln oder 3 dünne Lauchstangen
- reichlich Knoblauchzehen

- Olivenöl für die Form
- je 30 g schwarze und grüne Oliven
- 400 g kleine neue Kartoffeln

Zum Begießen
- je etwa 1/4 l Fischfond und Weißwein

Vom Fisch alle Flossen außer der Schwanzflosse abschneiden, danach schuppen und waschen. Kabeljau am Rücken und auf beiden Seiten mehrfach einschneiden. Fisch innen und außen mit Salz und Pfeffer einreiben. Die Kräuter fein hacken und in die Einschnitte reiben.

Das Gemüse putzen und in so große Stücke schneiden, daß sie gleichmäßig garen. Die Tomaten nicht häuten, aber entkernen; sie liefern die saftige Unterlage für das Gericht und dürfen nicht zu stark zerfallen.

Etwas Olivenöl in die Form geben. Zuerst die Tomaten einlegen, dann die anderen Gemüse gleichmäßig darauf verteilen und das Gemüsebett auf dem Herd andünsten. Den gewürzten Fisch auflegen und leicht in das Bett drücken.

Oliven und geschälte Kartoffeln zugeben und alles mit Salz und Pfeffer bestreuen. Den Fisch mit Öl beträufeln, Fischfond und Weißwein angießen.

Die Form in den vorgeheizten Ofen stellen und den Kabeljau im Gemüsebett bei

210°C 30 Minuten garen. Garprobe an der Mittelgräte und bei den Kartoffeln machen!

Das fertige Gericht in der Form auftragen.

Nährwerte pro Portion
Kilokalorien 450, Kilojoule 1900, Eiweiß/g 42, Kohlenhydrate/g 32, Fett/g 13, Ballaststoffe/g 14,0

Messen Sie vor dem Fischkauf Ihre Bratform oder die Fettpfanne des Backofens genau, damit Sie keinen zu langen Fisch bekommen.

Gebackener Loup de mer mit Ratatouille

einfach, braucht Zeit
4 Portionen

Ratatouille
- 150 g Gemüsezwiebel
- je 1 kleine rote und gelbe Paprikaschote
- 300 g Auberginen
- 300 g Zucchini
- 300 g Tomaten
- 3 EL Olivenöl
- 1 Knoblauchzehe
- 1 EL Tomatenmark
- 1 Prise Salz
- frisch gemahlener schwarzer Pfeffer
- 1 TL getrocknete Kräuter der Provence oder
- 1 EL frische Kräuter: Thymian, Rosmarin, Oregano, Basilikum, Petersilie

Fisch
- 1 kg Loup de mer (Wolfsbarsch)
- Salz
- einige Zweiglein Rosmarin
- 2 EL Sojaöl
- frisch gemahlener weißer Pfeffer

Für die Ratatouille die Zwiebeln abziehen und in nicht zu kleine Würfel schneiden. Das Gemüse putzen, waschen und in gleichmäßig große Würfel schneiden.

Das Öl in einem Kochtopf erhitzen. Die Zwiebeln darin glasig dünsten. Paprikaschoten, Auberginen und Zucchini ebenfalls andünsten. Den Knoblauch abziehen und fein hacken. Die Tomatenstücke, Knoblauch, Tomatenmark, Salz, Pfeffer und die getrockneten Kräuter einrühren. Falls frische Kräuter verwendet werden, diese erst kurz vor Ende der Garzeit untermischen. Alles noch einmal umrühren.

Den Topf leicht zudecken und das Gericht 25 Minuten bei schwacher Hitze köcheln lassen. Das Gemüse soll weich werden, aber nicht zerfallen, die Flüssigkeit einkochen.

Den ausgenommenen Fisch waschen und trockentupfen.

Innen leicht salzen. Außen an der dicksten Stelle der Rückenfilets auf beiden Seiten mehrmals schräg einschneiden.

Die Rosmarinzweige in die Einschnitte stecken und den Fisch außen gut mit Öl bepinseln und mit Salz und Pfeffer würzen.

Den Fisch in eine gut geölte Form legen, in den auf 200°C vorgeheizten Backofen schieben und etwa 30 Minuten backen.

Nach 25 Minuten die erste Garprobe machen: Wenn man die Rückenflosse leicht herausziehen kann, ist der Fisch gar.

Die obere Filetseite von den Gräten ablösen und in 2 Portionen teilen. Mit der unteren Seite genauso verfahren. Den Fisch sofort mit der Ratatouille auf vorgewärmten Tellern anrichten.

Nährwerte pro Portion
Kilokalorien 430, Kilojoule 1810, Eiweiß/g 51, Kohlenhydrate/g 10, Fett/g 17, Ballaststoffe/g 5,3

Holsteinische Fischpastete

einfach, braucht Zeit
4 Portionen

- 500 g Schellfisch- oder Kabeljaufilets
- 2 gestrichene TL Salz
- 2 EL weiche Butter
- 250 g Schlagsahne
- 1 EL Mehl
- 1 EL Speisestärke
- 2 Eier, getrennt
- frisch gemahlener weißer Pfeffer
- 300 g frische Miesmuscheln
- 3 EL Olivenöl
- 175 g geschälte, rohe Garnelenschwänze
- Butter für Form und Folie

Die Fischfilets säubern, in Stücke schneiden und durch die feine Lochscheibe des Fleischwolfs drehen, anschließend mit dem Salz und der zimmerwarmen Butter verkneten.

Die Schlagsahne steif schlagen, dabei nach und nach das Mehl, die Speisestärke, 2 Eigelb und 1/4 Teelöffel Pfeffer zufügen. Die Masse mit dem durchgedrehten Fisch verrühren.

Das Eiweiß zu steifem Schnee schlagen, vorsichtig unter die Masse heben und kalt stellen.

Den Backofen auf 200°C vorheizen.

Die Muscheln gründlich waschen, wenn nötig abbürsten und die Bärte ausreißen. Bereits geöffnete Muscheln aussortieren und wegwerfen. Die Muscheln gut abtropfen lassen. In einem weiten Topf 3 Eßlöffel Olivenöl erhitzen und die Muscheln bei starker Hitze im geschlossenen Topf darin schwenken, bis alle geöffnet sind. Noch geschlossene Muscheln aussortieren und wegwerfen. Das Muschelfleisch aus den Schalen lösen.

Die Garnelen waschen und trockentupfen.

Eine Kastenform mit Butter ausfetten. Lagenweise die Fischmasse, die Muscheln und die Garnelen in die Form schichten. Die Form gut mit der gefetteten Alufolie verschließen und im Wasserbad im vorgeheizten Backofen bei 200°C etwa 1 Stunde garen.

Dazu eine Kräutersauce, Zuckerschoten und Salzkartoffeln reichen.

Nährwerte pro Portion
Kilokalorien 630, Kilojoule 2620, Eiweiß/g 46, Kohlenhydrate/g 10, Fett/g 40, Ballaststoffe/g 0,1

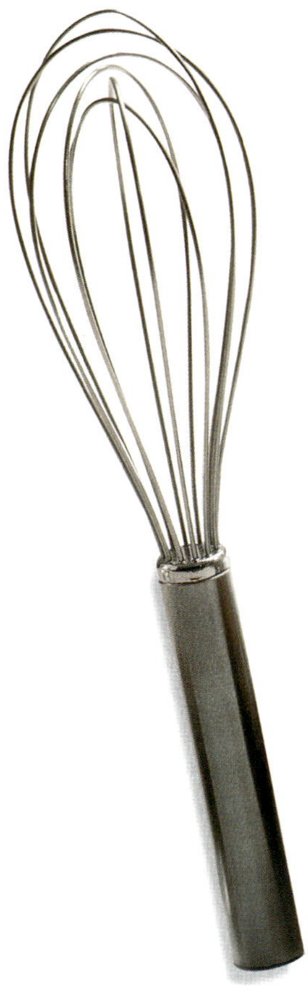

Tip Zur gebackenen Brasse geklärte Butter reichen, Zitrone und kleine Salzkartoffeln.

Brasse aus dem Ofen

einfach
4 Portionen

- 1 Sackbrassen oder Goldbrassen von 1-1,2 kg
- Salz
- frisch gemahlener Pfeffer
- 1 Handvoll Kräuter wie: glatte Petersilie, Selleriegrün, Fenchelkraut, Rosmarin oder Thymian
- 1 Lorbeerblatt
- 2 Knoblauchzehen
- 6 Frühlingszwiebeln
- 1 lange Stange Lauch
- 2 EL Olivenöl
- 8 schwarze Oliven
- 100 ml Weißwein
- 50 g Butter

Die Brasse vorbereiten: Die Flossen bis auf die Schwanzflosse abschneiden. Die Brasse schuppen, ausnehmen, die Kiemen entfernen, gründlich spülen und innen und außen trockentupfen. Am Rücken auf beiden Seiten 3 bis 4mal einschneiden, damit der Fisch gleichmäßig gart. Die Brasse innen und außen mit Salz und Pfeffer würzen.

Die Kräuter waschen, trockentupfen und grob hacken - sie dienen nur zum Würzen des Fisches, nicht zum Essen. Die Knoblauchzehen samt der Schale halbieren. Die Frühlingszwiebeln putzen, waschen, trokkentupfen und halbieren.

Lauchstreifen dienen eigentlich zum Binden von gefüllten Fischen. Da diese Bänder aber recht attraktiv sind, kann man alle Fische mit Lauch umwickeln. Den Lauch putzen und abziehen. Die äußeren Blätter je nach Größe der Länge nach halbieren oder vierteln. 6 bis 8 Lauchstreifen in kochendem Salzwasser 1 Minute blanchieren und dann kalt abschrecken. Die Lauchstreifen zu einem langen Band aneinander knoten.

Die Brasse mit einem Teil der Kräuter, einem Stück Lorbeerblatt und 1/2 Knoblauchzehe füllen und mit dem Lauch umwickeln (siehe Abbildung unten).

Das Öl in einer feuerfesten Form erhitzen. Restlichen Knoblauch, Frühlingszwiebeln und einen Teil der Kräuter über den Boden der Form verteilen und den Fisch auflegen. Die Oliven zugeben, den Wein über den Fisch träufeln, die restlichen Kräuter und die Hälfte der Butter in Flöckchen auf dem Brassen verteilen.

Den Fisch im vorgeheizten Backofen bei 220°C auf der unteren Schiene etwa 20 Minuten garen. Mehrmals mit dem Fond übergießen und zuletzt die restliche Butter in Flöckchen aufsetzen.

Die Brasse im ganzen auftragen und erst bei Tisch portionieren.

Variation: Am Beispiel der Goldbrasse (Dorade royale, rechts) sehen Sie, daß der Fisch ebenso gut geschmort werden kann, ohne mit Lauch umwickelt zu sein. Die Garnitur besteht aus Petersilienwurzeln, Frühlingszwiebeln, Petersilie und Dill.

Nährwerte pro Portion
Kilokalorien 370, Kilojoule 1550, Eiweiß/g 31, Kohlenhydrate/g 4, Fett/g 26, Ballaststoffe/g 1,6

Gebackene Sardinen

Moraga de sardinas a la granadina

einfach, Blitzrezept
4 Portionen

- 4-6 Sardinen pro Person
- Salz
- 8 El Olivenöl
- 150 ml Weißwein
- 1 Zitrone
- 2 Knoblauchzehen
- 1 Bund glatte Petersilie

Die Sardinen ausnehmen, waschen und trockentupfen. Innen und außen salzen.

Eine feuerfeste Form mit 5 Eßlöffel Olivenöl ausstreichen und die Sardinen einlegen. Mit Weißwein und dem Saft der Zitrone beträufeln.

Die Knoblauchzehen abziehen, die Petersilie waschen, trockenschütteln und die Blätter zusammen mit den Knoblauchzehen fein hacken. Die Sardinen damit würzen und mit dem restlichen Öl beträufeln.

Die Form in den vorgeheizten Backofen auf die untere Schiene stellen und die Sardinen bei 200°C etwa 12 Minuten backen.

Möglichst heiß mit Weißbrot servieren.

Nährwerte pro Portion
Kilokalorien 405, Kilojoule 1695, Eiweiß/g 15, Kohlenhydrate/g 6, Fett/g 31, Ballaststoffe/g 1,0

Gebackener Fisch mit Kreuzkümmelpaste

einfach
4 Portionen

- 2 Dorades (Goldbrassen) à 600 g
- Saft von 1 Zitrone
- Salz
- 4 Knoblauchzehen
- 1 Schalotte
- 1 Bund glatte Petersilie
- 3 EL Olivenöl
- 2 EL Paprikapulver
- 2 EL Kreuzkümmel
- frisch gemahlener schwarzer Pfeffer
- 2 Zitronen

Die Fische schuppen, Rücken- und Bauchflossen und die Kiemen entfernen. Die Fische gründlich unter fließendem Wasser auswaschen und mit Küchenpapier trocknen. Dann innen und außen mit Zitronensaft beträufeln und salzen.

Die Knoblauchzehen und die Schalotte abziehen und hacken.

Die Petersilie waschen, trockenschütteln und fein hacken. Knoblauch, Schalotte und Petersilie im Mörser mit 2 Eßlöffel Olivenöl zu einer Paste zerstoßen und die Gewürze untermischen. Die Fische mit Küchenpapier trockentupfen und innen und außen mit der Paste einreiben, dabei Köpfe und Schwänze freilassen.

2 große Stücke Alufolie mit Öl bestreichen, die Fische darauflegen und die Folie über ihnen zusammenfalten. Die Folienenden an Kopf und Schwanz hochbiegen. Die Pakete auf ein Backblech legen und im vorgeheizten Backofen bei 200°C 20 bis 25 Minuten garen.

Die Zitronen in Scheiben schneiden, die Fische auf eine vorgewärmte Platte legen und mit den Zitronenscheiben garnieren.

Mit gemischten Blattsalaten und frischem Weißbrot reichen.

Nährwerte pro Portion
Kilokalorien 290, Kilojoule 1230, Eiweiß/g 31, Kohlenhydrate/g 3, Fett/g 17, Ballaststoffe/g 0,8

Tip *Statt 2 kleinen Fischen kann auch ein großer, z.B. ein Barsch, gebacken werden. Er braucht zum Garen etwa 15 Minuten länger.*

Gebratener Zander auf Weinkraut

einfach
4 Portionen

Weinkraut
- 1 Zwiebel
- 100 g geräucherter Schweinebauch
- 2 EL Butterschmalz
- 1 kg Sauerkraut
- 1/4 l Weißwein
- frisch gemahlener Pfeffer
- 1 Prise Zucker
- 2 Lorbeerblätter
- 1 mehlige Kartoffel

- 1 ganzer Zander, ca. 1 kg
- Salz
- 4 EL Butterschmalz
- etwas Mehl

Die Zwiebel abziehen und fein hacken. Den geräucherten Schweinebauch in dünne Streifen schneiden. Das Butterschmalz in einem weiten Topf zerlassen. Die Zwiebel und den Schweinebauch darin andünsten und das aufgelockerte Sauerkraut zugeben. Mit dem Weißwein ablöschen, mit Pfeffer und Zucker würzen und die beiden Lorbeerblätter einlegen. Die Kartoffel schälen und direkt in das Kraut reiben, gut durchmischen, den Topf leicht zudecken und das Weinkraut bei schwacher Hitze solange schmoren lassen, bis der Zander fertig ist.

Den ausgenommenen Fisch gründlich waschen, mit Küchenpapier trockentupfen, salzen und pfeffern. Die Fettpfanne des Backofens auf den Herd stellen und darin 4 Eßlöffel Butterschmalz zerlassen. Den Zander rundherum mit Mehl bestäuben und im heißen Butterschmalz 5 Minuten anbraten. Dann wenden und weitere 20 Minuten im vorgeheizten Backofen bei 200°C auf der mittleren Schiene braten.

Den Zander auf dem Weinsauerkraut anrichten. Dazu Salzkartoffeln reichen.

Nährwerte pro Portion
Kilokalorien 615, Kilojoule 2570, Eiweiß/g 28, Kohlenhydrate/g 8, Fett/g 44, Ballaststoffe/g 4,0

Zander, im Kräutermantel gebacken

Den Zander vom Fischhändler küchenfertig vorbereiten lassen.

einfach
4 Portionen

- 100 g Kräuter (z.B. Kerbel, Petersilie, Sauerampfer)
- 125 g Butter
- 2 Eigelb
- 1 TL scharfer Senf
- 2 EL Semmelbrösel
- Salz
- frisch gemahlener Pfeffer
- 1 Zander, ca. 1,2 kg
- 1 Zweig frischer Estragon
- 1/2 Bund glatte Petersilie
- Saft von 1 Zitrone
- Butter für die Form
- 1 Bund Frühlingszwiebeln
- 1/8 l Weißwein

Die Kräuter verlesen, waschen und die groben Stiele entfernen. Die Kräuter trockenschleudern und fein hacken.

Die Butter mit dem Eigelb und dem Senf schaumig schlagen. Dann die Kräuter, die Semmelbrösel sowie Salz und Pfeffer untermischen.

Den Zander waschen, trockentupfen und innen und außen mit Salz einreiben. In die Bauchhöhle Estragon und Petersilie legen. Die Fischhaut in Abständen von 2 cm schräg einschneiden und den Zitronensaft hineinträufeln.

Eine feuerfeste Form mit Butter ausfetten.

Die Frühlingszwiebeln putzen und in die Form legen. Den Zander mit der Kräuterbuttermasse gleichmäßig bestreichen und auf die Frühlingszwiebeln legen.

Den Weißwein angießen und den Fisch im vorgeheizten Backofen bei 180°C etwa 25 Minuten backen. In der Form auftragen.

Nährwerte pro Portion
Kilokalorien 540, Kilojoule 2270, Eiweiß/g 41, Kohlenhydrate/g 10, Fett/g 35, Ballaststoffe/g 5,5

Saibling in Folie

einfach, Blitzrezept
4 Portionen

- 4 küchenfertige Bachsaiblinge
- Salz
- 1 Bund Dill
- Öl für die Folie
- 800 g neue Kartoffeln
- 150 g Butter
- 2 Zitronen

Die ausgenommenen Fische unter fließend kaltem Wasser waschen und innen und außen trockentupfen. Jeden Saibling innen salzen.

Den Dill waschen, trockenschleudern und in jeden Fisch 1 bis 2 Stengel Dill legen. 4 große Stücke Alufolie mit Öl bestreichen. Die Fische jeweils in die Mitte legen, die Folie darüber fest verschließen, aber nicht zu eng um die Fische spannen.

Den Backofen auf 200°C vorheizen.

Die Kartoffeln schälen, waschen und in Salzwasser aufsetzen. Nach 20 Minuten eine Garprobe machen. Die fertigen Kartoffeln abgießen und abdämpfen.

Die Bachsaiblinge auf den Rost des Backofens legen und auf der mittleren Schiene je nach Größe 15 bis 20 Minuten garen. Bei kleinen Fischen nach 15 Minuten die Garprobe machen: Ein Folienpaket öffnen und an der Rückenflosse ziehen. Wenn der Fisch fertig ist, löst sie sich leicht.

Die Butter in einem Töpfchen schmelzen und einmal aufwallen lassen. Dann vom Herd nehmen und stehen lassen, damit sich der weiße Schaum (Molke) vom Butterfett trennt.

Die Zitronen mit einer Zick Zacklinie halbieren. Die gegarten Bachsaiblinge in der Folie servieren. Dazu die Kartoffeln, geklärte Butter und Zitrone reichen.

Nährwerte pro Portion
Kilokalorien 570, Kilojoule 2380, Eiweiß/g 58, Kohlenhydrate/g 0, Fett/g 38, Ballaststoffe/g 0,1

Red Snapper "en papillote"

einfach
2 Portionen

- 1 Red Snapper, ca. 800 g
- Salz
- frisch gemahlener schwarzer Pfeffer
- Öl zum Bestreichen
- 2 Stengel glatte Petersilie
- 30 g Butter
- 2 Knoblauchzehen
- 4 Zweige frischer Thymian

Nach Belieben alle Flossen außer der Schwanzflosse abschneiden. Den Fisch schuppen und die Kiemen entfernen. Den Fisch ausnehmen, gründlich spülen und mit Küchenpapier trockentupfen. Innen und außen kräftig salzen und pfeffern. Am Rükken auf beiden Seiten 3 bis 4mal einschneiden, damit er gleichmäßig gart.

Ein großes Stück Pergamentpapier ausbreiten. Den Fisch mit Öl bestreichen und auf das Papier legen. Die gewaschene Petersilie in den Bauch legen. Die Butter in Flöckchen auf dem Fisch verteilen. Die ungeschälten Knoblauchzehen halbieren und rund um den Fisch legen. 2 Zweige Thymian in den Bauch stecken, die anderen Zweige über dem Fisch abrebeln. Das Pergamentpapier locker um den Fisch zu einem Päckchen schließen und die Oberfläche mit Öl bestreichen, damit das Papier im Backofen nicht zu stark bräunt.

Den Backofen auf 200°C vorheizen. Den Fisch in seiner Papillote auf ein Backblech setzen und auf der mittleren Schiene hineinschieben.

Den Red Snapper 20 Minuten garen, dann das Päckchen aus dem Ofen nehmen und servieren. Es wird erst bei Tisch geöffnet.

Nährwerte pro Portion
Kilokalorien 330, Kilojoule 1380, Eiweiß/g 38, Kohlenhydrate/g 0, Fett/g 20, Ballaststoffe/g 0

Tip

Zum Garen von Fischen mit etwas fetterem Fleisch nimmt man häufig Pergamentpapier statt Alufolie. Das Papier schützt den Fisch, ist aber so porös, daß ein Teil des Dampfes entweichen kann und der Fisch trockenere Hitze hat.

„Rundfische durch den Rücken entgräten und ausnehmen" ist eine Technik, die auf Seite 148 ausführlich beschrieben wird. Damit der Fisch seine Form behält und die Füllung nicht herausquillt, muß er umwickelt werden. Mit blanchierten Lauchstreifen sieht das wesentlich hübscher aus als mit Küchengarn. Außerdem schneidet der Lauch nicht so tief ein.

Gefüllte Forelle

einfach, braucht Zeit
4 Portionen

Füllung

- 2 Schalotten
- 1 mittlere Möhre
- 50 g Sellerie
- 1 mittlere Petersilienwurzel
- 200 g Blattspinat
- 100 g Champignons
- 1 EL Butter
- Salz
- frisch gemahlener weißer Pfeffer
- frisch geriebene Muskatnuß
- 2 EL Crème fraîche

- 4 kleine Forellen, durch den Rücken ausgenommen
- Salz
- 1 dicke Lauchstange
- Öl für die Folie

Zitronenbutter

- 125 g weiche Butter
- 1 Messerspitze Salz
- 1 Zitrone

Die Schalotten abziehen. Möhre, Sellerie und Petersilienwurzel putzen und schälen. Den Blattspinat verlesen, gründlich waschen und trockenschütteln. Die Champignons waschen und putzen.

Alle Gemüse sehr fein hacken und miteinander vermischen. In der zerlassenen Butter sanft dünsten und mit Salz, Pfeffer und Muskatnuß abschmecken.

Das Gemüse abkühlen lassen, mit der Crème fraîche verrühren und in den Kühlschrank stellen.

Die Forellen waschen, trockentupfen und innen leicht salzen.

Die Lauchstange putzen, je nach Größe 6 bis 8 Blätter ablösen und waschen. Die Blätter der Länge nach in 2 bis 3 Streifen schneiden, in kochendem Wasser 1 Minute blanchieren, herausheben und in kaltes Wasser legen.

Die Forellen nicht zu prall mit der Gemüsemasse füllen. Jeweils 4 Lauchstreifen aneinander knoten und die Forellen damit umwickeln. Am Schwanz wieder verknoten und überstehende Enden abschneiden.

4 Stück Alufolie dünn mit Öl bestreichen, je eine gefüllte Forelle darauflegen, die Folie locker darüber verschließen und die Enden hochbiegen. Die Päckchen auf den Bratrost legen und im vorgeheizten Backofen bei 200°C 15-20 Minuten garen.

Für die Zitronenbutter die Butter schaumig schlagen und salzen. Die Zitronenschale fein

abreiben und eine Fruchthälfte auspressen. Den Zitronensaft und die Hälfte der geriebenen Schale in die Butter rühren. Die Butter in einen Spritzbeutel mit großer Sterntülle füllen und auf ein Stück Alufolie Rosetten spritzen. Die Butterrosetten mit der restlichen Zitronenschale bestreuen und im Gefrierfach fest werden lassen.

Die Forellen mit der Zitronenbutter anrichten. Dazu passen kleine Petersilienkartoffeln und gemischte Blattsalate.

Nährwerte pro Portion
Kilokalorien 250, Kilojoule 1060, Eiweiß/g 36, Kohlenhydrate/g 3, Fett/g 8, Ballaststoffe/g 3,3

Lachsforelle im Salzmantel

einfach, braucht Zeit
4 Portionen

- 1 Lachsforelle, ca. 1 kg
- 1/2 Zitrone
- 2 Handvoll Kräuter, z.B. Petersilie, Dill, Fenchelgrün
- 2 EL Weißwein

Salzteig
- 2 kg grobes Meersalz
- 2 Eiweiß
- 100 ml Wasser
- Öl für das Backblech
- Alufolie

Die Kiemen aus der Forelle schneiden. Den Fisch gründlich waschen und mit Küchenpapier trockentupfen. Die Bauchhöhle mit 1/2 Zitrone ausreiben.

Die Kräuter verlesen und nur die groben Stengel entfernen, dann waschen und trockenschütteln. Gut die Hälfte der Kräuter in die Forelle füllen und den Weißwein zugeben.

Das Salz mit dem Eiweiß mischen, das Wasser nach und nach zugeben und sehr gründlich rühren. Die Masse kurz ruhen lassen.

Das Backblech fetten. Die Alufolie achtfach zu einem etwa 4 cm breiten Streifen falten. 3 bis 4 solcher Streifen ineinanderstecken und daraus eine Fischform biegen, die deutlich größer als die Forelle ist. Der Alustreifen dient als Formrand für den Salzteig.

Die Fischform auf das geölte Blech legen und mit 1/3 des Salzteigs ausstreichen. Die vorbereitete Forelle auf das Salzbett legen und die restlichen Kräuter darüber verteilen. Den Fisch mit dem Salzteig zustreichen und die Fischform ausfüllen. Darauf achten, daß die Schicht gleichmäßig dick ist, weil der Fisch sonst unter der Salzkruste ungleichmäßig gart.

Den Backofen auf 200°C vorheizen, am besten mit Umluft. Das Backblech auf die zweite Schiene von unten stellen und den Fisch 35 Minuten backen.

Zum Servieren den Alustreifen abziehen, die Salzform vorsichtig vom Backblech lösen und z.B. mit 2 großen Paletten oder einem Tortenblech abheben.

Bei Tisch die Kruste mit einem schweren Messer in gleichmäßigen Abständen aufschlagen und die Bruchstücke sorgfältig entfernen, ehe der Forelle die Haut abgezogen wird. Das geschieht am besten mit einer Gabel, die man hinter dem Kopf in die gelöste Haut sticht und zum Schwanz hin aufrollt (wie beim Öffnen einer Sardinendose). Das freiliegende Fleisch von den Gräten heben, dann die Forelle aus dem Salzmantel auf eine Platte legen und die andere Seite auslösen.

Dazu schmecken geklärte Butter und neue Petersilienkartoffeln.

Nährwerte pro Portion
Kilokalorien 190, Kilojoule 790, Eiweiß/g 32, Kohlenhydrate/g 0, Fett/g 5, Ballaststoffe/g 0

Fischfilet in Blätterteig

einfach, braucht Zeit
2 Portionen

- 1 küchenfertiges Fischfilet, z.B. Kabeljau, ca. 300 g, oder 2 dünnere Filets
- Saft von 1/2 Zitrone
- Salz
- frisch gemahlener weißer Pfeffer
- 1 Bund Basilikum
- 8 Scheiben TK-Blätterteig oder 2 Teigblöcke à 300 g
- 1 Eigelb
- 1 EL Schlagsahne oder Milch

Zucchinigemüse

- 500 g feste, kleine Zucchini
- Salz
- 1 EL Butter
- frisch gemahlener weißer Pfeffer
- 1 Cocktailtomate zum Garnieren

Den Fisch waschen, trockentupfen, mit Zitronensaft säuern, salzen und pfeffern.

Das Basilikum waschen, trockenschütteln, die Blätter abzupfen und in Streifen schneiden.

Aus je 4 aufgetauten Blätterteigscheiben eine einheitliche Teigplatte bilden: Die Kanten leicht mit Wasser bestreichen, knapp übereinanderlegen und gemeinsam etwas ausrollen.

Den Fisch gut abtropfen lassen und trockentupfen, auf eine der beiden Teigplatten legen und die Hälfte der Basilikumblätter darüber verteilen. Den überstehenden Teig dünn mit Wasser bestreichen, die zweite Teigplatte über den Fisch legen und rundherum andrücken. Mit dem Messer oder dem Teigrad eine Fischform ausschneiden, 2 bis 3 cm von der Füllung entfernt, damit der Teig beim Backen nicht aufplatzt. Die Oberfläche mit dem runden Ende eines Löffelstiels schuppenförmig eindrücken. Die Schwanzflosse mehrmals einschneiden und für das Auge ein Stück Teig herausstechen (Apfelausstecher). Dieses Loch dient zugleich als „Kamin", damit der Dampf beim Backen entweichen kann.

Das Eigelb mit der Sahne verrühren und die Teigoberfläche damit bestreichen. Den Fisch auf ein kalt gespültes Backblech legen und in den auf 220°C vorgeheizten Backofen auf die mittlere Schiene stellen. 20 Minuten backen.

Inzwischen das Zucchinigemüse zubereiten: Die Zucchini waschen, die Stielansätze abschneiden und die ganzen Früchte in kochendem Salzwasser je nach Größe 3 bis 4 Minuten blanchieren. Zucchini herausheben und mit dem Buntmesser in nicht zu dünne Scheiben schneiden.

Die Butter in einer weiten Pfanne aufschäumen lassen, die Zucchinischeiben darin schwenken und leicht mit Salz und Pfeffer würzen. Zuletzt das restliche Basilikum untermischen.

Eine vorgewärmte Platte mit dem Zucchinigemüse auslegen, den gebackenen Fisch darauf anrichten und mit der halbierten Cocktailtomate garnieren. Zum Vorlegen den Fisch in 4 Stücke teilen. Von der Teigflosse bekommt jeder die Hälfte.

Nährwerte pro Portion
Kilokalorien 1670, Kilojoule 7000, Eiweiß/g 50, Kohlenhydrate/g 113, Fett/g 105, Ballaststoffe/g 7,0

Fonds und Saucen

Fischfond, Grundrezept

Fonds (Brühen) von Fisch und Meeresfrüchten werden in der Fachsprache als „Fumet“ bezeichnet, also zum Beispiel „Krebsfumet“.

einfach, Blitzrezept
zum Einfrieren

- 1,2 kg Fischabfälle (Köpfe und Gräten)
- der weiße Teil von 4 Lauchstangen
- 100 g Sellerie
- 100 g Petersilienwurzel
- 2 Zwiebeln
- 1 Knoblauchzehe
- 50 g Butter
- 1/2 l Weißwein
- 1/2 Zitrone
- 3 Dillstengel
- 1 Lorbeerblatt
- 1/2 TL Wacholderbeeren
- 1/2 TL weiße Pfefferkörner

Für diesen Fond die Fischabfälle - am besten von nicht zu fetten, weißfleischigen Fischen - putzen und wässern. Dazu aus den Köpfen die Kiemen entfernen und von den Gräten eventuelle Innereienresten abwaschen.

Die Gemüse putzen, waschen und in grobe Stücke teilen. Die Zwiebeln und den Knoblauch abziehen und ebenfalls grob hacken.

Alles in der Butter hellgelb andünsten. Dann die gewässerten Fischgräten und -köpfe einlegen und mit dem Weißwein und soviel Wasser aufgießen, daß alles bedeckt ist.

Die Zitrone in Scheiben schneiden, den Dill waschen und mit den Gewürzen zugeben. Die Brühe auf schwacher Hitze zum Kochen bringen. 15 Minuten simmern lassen und die Hitze ausschalten. Wenn Sie den Fond länger kochen lassen, nimmt er einen unangenehm bitteren Geschmack an.

Den Topf zudecken und den Fond kurz ziehen lassen. Dann abgießen und reduzieren. Je nach weiterer Verwendung muß der Fond mit Eiweiß geklärt werden, damit er glasklar ist, siehe Seite 128. Reduzierter Fond geliert beim Erkalten und bietet die ideale Basis für schnelle Fischsaucen.

Gemüsefond

einfach, Blitzrezept, zum Einfrieren

etwa 1 Liter Fond

- 2 Möhren
- 1 Petersilienwurzel
- 1 Lauchstange
- 100 g Knollensellerie oder 2 Selleriestangen
- 1 Tomate
- 1 mittelgroße Zwiebel oder 2 Schalotten
- 1 Knoblauchzehe
- 1 Kräutersträußchen aus 1/2 Bund glatter Petersilie, 1 Stengel Liebstöckel, 1 Zweig Thymian, 1 Stengel Estragon oder Dill
- 1 Lorbeerblatt
- 1 TL Pfefferkörner, grob gestoßen
- 1 Stück Muskatblüte
- Salz

Die Gemüse putzen, waschen und kleinschneiden. Die Zwiebel und die Knoblauchzehe abziehen und grob hacken. Die Kräuter für das Sträußchen waschen und binden.

Alles mit 1,2 Liter kaltem Wasser und 1 Teelöffel Salz aufsetzen und auf schwacher Hitze langsam zum Kochen bringen.

Weitere 15 Minuten köcheln lassen und durch ein feines Haarsieb abgießen.

Tip *Nach Belieben können weitere Wurzeln und Knollen, wie Weiße Rübchen, Fenchel usw. in kleinen Mengen zugegeben werden. Kohlgewächse sind ungeeignet.*

Krebsfond und Krebssauce

einfach, braucht Zeit

etwa 1 Liter Fond

- 200 g Krebskarkassen
- 4 EL Olivenöl
- 1 Schuß Cognac
- 150 g Möhren
- 1 Stengel Staudensellerie
- 1/2 Lauchstange
- je 1 Zweig frischer Estragon und Thymian
- 30 g Schalotten
- 1 große Knoblauchzehe
- 1 Tomate
- 1 Lorbeerblatt
- 1 Nelke
- 2 zerdrückte Wacholderbeeren
- 1 EL Tomatenmark
- Salz
- frisch gemahlener Pfeffer
- 1/4 l Weißwein

Die Karkassen von Fleischresten säubern und waschen (Achtung: es dürfen wirklich keine Fleischreste mehr in den Karkassen sein, da der Fond sonst bitter schmeckt!).

Die Karkassen in der Hälfte des Öls scharf anbraten, nicht zu dunkel werden lassen und mit Cognac ablöschen.

Das Gemüse und die Kräuter waschen und grob hacken. Die Schalotten und den Knoblauch abziehen und zerteilen. Zusammen mit den Gewürzen in einem zweiten Topf bei schwacher Hitze in Öl andünsten, Tomatenmark einrühren und alles mit den Karkassen mischen.

Mit Weißwein und Wasser bedecken und aufkochen. Den Fond 45 Minuten simmern lassen und mehrmals abschäumen, dann abseihen.

Krebsfond ist eine ideale Verwertung der Karkassen nach einem Krebsessen und die Basis für eine Sauce oder Suppe (Bisque).

Nährwerte insgesamt
Kilokalorien 440, Kilojoule 1830, Eiweiß/g 0, Kohlenhydrate/g 2, Fett/g 48, Ballaststoffe/g 0,2

Krebssauce

- 1/4 l Krebsfond
- 1/4 l Béchamelsauce
- 100 g Schlagsahne
- Salz
- frisch gemahlener weißer Pfeffer

Den Krebsfond erhitzen. Die Béchamel und die Sahne mit dem Schneebesen einrühren, 10 Minuten kochen lassen und passieren.

Mit Salz und Pfeffer würzen und solange reduzieren lassen, bis die gewünschte Konsistenz erreicht ist.

Krebssauce ist ein hervorragender Begleiter zu allen Gerichten mit Fisch, Meeresfrüchten und Gemüse.

Nährwerte pro Portion
Kilokalorien 190, Kilojoule 790, Eiweiß/g 3, Kohlenhydrate/g 7, Fett/g 16, Ballaststoffe/g 0,2

Nach demselben Rezept können Hummerkarkassen verwertet werden.

Je nach Verwendungszweck muß jede Brühe glasklar werden. Dies ist die einfachste Methode.

BRÜHE KLÄREN

1 Eiweiß auf 1 Liter Flüssigkeit leicht schaumig schlagen und mit dem Schneebesen in die kalte Brühe mischen. Unter häufigem Schlagen einmal aufkochen lassen. Dabei bindet das Eiweiß alle Trübstoffe in der Flüssigkeit. Die Hitze reduzieren, dann ein zweites Mal aufkochen und den Topf vom Feuer nehmen. Zugedeckt 15 Minuten ruhen lassen, wobei sich der Eiweißkuchen mit den Schwebstoffen von der Brühe trennt.

Ein Sieb mit einem feuchten Seihtuch auslegen und die Brühe abgießen.

BUTTER KLÄREN

Für viele Buttersaucen wird geklärte Butter benötigt. Dabei wird das Butterfett vom Molkeanteil (Wasser und Eiweiß) getrennt, was die Butter hitzebeständiger macht und verhindert, daß eine Buttersauce ausflockt.

Die Butter bei mittlerer Hitze schmelzen und einmal aufkochen. Vom Herd nehmen und die Butter etwas stehen lassen, dann setzt sich die Molke nach unten ab.

Einzelne Flocken auf der Oberfläche können abgeschöpft werden.

Das klare Butterfett vorsichtig abgießen. Besonders geeignet ist dafür eine Sauciere mit hochangesetzer Tülle, denn so fließt beim Gießen nur die klare Butter heraus.

Die Molke nicht wegwerfen, sie schmeckt gut in Süßspeisen mit Milch.

Reste geklärter Butter werden im Kühlschrank fest und können jederzeit wieder erhitzt werden. Profiköche nehmen geklärte Butter oft statt Öl zum Anbraten, denn sie ist hoch erhitzbar und hat den typischen Buttergeschmack.

250 g Butter ergeben etwa 200 g geklärte Butter.

Weißweinsauce

einfach, Blitzrezept
4 Portionen

- 2 Schalotten
- 150 ml Fischfond
- 150 ml trockener Weißwein
- 100 g Crème fraîche
- 2 Eigelb
- 60 g Butter
- Salz

Die Schalotten abziehen und in kleine Würfel schneiden. Schalottenwürfel mit Fischfond und Wein auf großer Hitze etwa 10 Minuten im offenen Topf einkochen lassen. Durch ein Sieb streichen und zurück in den Topf geben.

Crème fraîche und Eigelb verrühren und vorsichtig zur Brühe geben.

Eisgekühlte Butter in Flöckchen unterrühren. Die Sauce mit Salz abschmecken.

Weißweinsauce paßt gut zu gedünstetem oder in Folie gegartem Fisch.

Nährwerte pro Portion
Kilokalorien 260, Kilojoule 1100, Eiweiß/g 3, Kohlenhydrate/g 1, Fett/g 26, Ballaststoffe/g 0

Weiße Buttersauce

Beurre blanc

einfach, Blitzrezept
4 Portionen

- 2 Schalotten
- 100 ml Weißwein
- 1 EL Weißweinessig
- 200 g Butter
- Salz
- frisch gemahlener weißer Pfeffer

Eine Stielkasserolle mit dickem Boden auf mittlere Hitze setzen.

Die Schalotten abziehen, sehr fein hacken und mit Weißwein und Essig bis fast zur Verdunstung einkochen lassen, etwa auf die Konsistenz einer feuchten Marmelade. Die Butter in Würfel schneiden.

Anschließend auf kleinste Hitze schalten. Unter ständigem Schlagen mit einem Schneebesen oder Pürierstab nach und nach die eiskalten Butterwürfel hinzugeben. Die Mischung wird cremig.

Die Butter ganz untermischen und mit Salz und Pfeffer abschmecken.

Beurre rouge:

Für diese Variation nehmen Sie statt Weißwein einen kräftigen Rotwein und verfahren genauso wie bei Beurre blanc. Sie erhalten eine Sauce mit kräftigem Aroma, die gut zu gebratenem Fischfilet schmeckt.

Nährwerte pro Portion
Kilokalorien 390, Kilojoule 1630, Eiweiß/g 1, Kohlenhydrate/g 1, Fett/g 41, Ballaststoffe/g 0,3

Tip

Zusammen mit Weißwein und Essig kann auch etwas Fischfond reduziert werden. Wer nicht auf die Schalotten beißen mag, seiht die Reduktion ab und preßt das Zwiebelmus leicht aus. Unter die fertige Beurre blanc können 2 Eßlöffel steifgeschlagene Sahne gezogen werden.

Sauce Hollandaise, Grundrezept

einfach, Blitzrezept
4 Portionen

- 250 g Butter
- 3 Eigelb
- 3 EL Weißwein
- Salz
- frisch gemahlener weißer Pfeffer
- etwas Zitronensaft

Die Butter klären und beiseite stellen. Sie soll zwar abkühlen, aber noch lauwarm sein.

Wer kein Wasserbad-Set hat, hängt eine Schüssel mit rundem Boden in einen Kochtopf. Wichtig ist, daß der Schüsselboden keine Rille hat, in die der Schneebesen nicht hineinkommt. Dort würde sonst das Eigelb hängenbleiben und stocken.

Eigelb und Wein im Saucentopf verrühren und auf das heiße Wasserbad setzen. Die Eimasse so lange kräftig schlagen, bis sie hellgelb und dicklich schaumig ist. Wenn der Eischaum den Schneebesen überzieht, wird die geklärte Butter zugegossen.

Achtung: Zunächst nur tropfenweise, dann im dünnen Strahl. Laufend weiterrühren und darauf achten, daß die Sauce glatt und einheitlich bleibt. Immer erst dann wieder Butter zugeben, wenn die vorhergehende Menge von der Sauce restlos aufgenommen wurde.

Zuletzt die Sauce mit Salz, Pfeffer und etwas Zitronensaft abschmecken. Die Sauce in eine vorgewärmte, aber nicht heiße Sauciere umfüllen und sofort servieren.

Nährwerte pro Portion
Kilokalorien 550, Kilojoule 2280, Eiweiß/g 3, Kohlenhydrate/g 1, Fett/g 56, Ballaststoffe/g 0

Sauce Béarnaise

Blitzrezept
4 Portionen

Im Unterschied zur Hollandaise wird erst ein Konzentrat gekocht und die fertige Sauce mit frischen Kräutern verfeinert.

- 250 g Butter
- 1 Schalotte
- 1/2 Bund Estragon
- 1/2 Bund Petersilie
- 1/2 Bund Kerbel
- 2 EL Weinessig
- 100 ml trockener Weißwein
- 3 Eigelb
- frisch gemahlener weißer Pfeffer

Die Butter klären, zum Absetzen beiseite stellen und lauwarm halten.

Die Schalotte abziehen und fein hacken. Die Kräuter waschen, trockenschütteln und fein hacken.

In einer kleinen Kasserolle den Weinessig, den Wein, die Schalotte und 1/3 der Kräuter aufkochen und auf ca. 3 Eßlöffel Flüssigkeit reduzieren. Durch ein Sieb passieren.

Jetzt im Wasserbad, wie bei der Sauce Hollandaise, das Eigelb mit der Reduktion aufschlagen, die Butter einarbeiten und mit Salz und Pfeffer abschmecken.

Zuletzt die Kräuter einrühren.

Variation: „Sauce Choron"
Die fertige Sauce zusätzlich mit 1 Prise Zucker und etwas Tomatenmark abschmekken und hellrot färben.

Nährwerte pro Portion
Kilokalorien 540, Kilojoule 2280, Eiweiß/g 3, Kohlenhydrate/g 1, Fett/g 57, Ballaststoffe/g 0,3

Safran-Sahnesauce

einfach, Blitzrezept
4 Portionen

- 100 ml trockener weißer Wermut (Noilly Prat)
- 100 ml Fischfond
- 100 g Schlagsahne
- 1 g Safranfäden
- Salz
- 30 g Butter

Den Wermut in einer Stielkasserolle oder Pfanne erhitzen und etwas reduzieren. Den Fischfond und die Sahne zugießen und ebenfalls reduzieren.

Die Safranfäden einrühren, die Sauce durchkochen und vorsichtig mit Salz abschmecken.

Die Hitze reduzieren. Die eiskalte Butter in Flocken nach und nach einrühren, sie verleiht der Sauce cremige Bindung und Glanz. Nicht mehr erhitzen.

Paßt zu weißem und rotem Fisch und sehr gut zu Fischklößchen.

Nährwerte pro Portion
Kilokalorien 140, Kilojoule 570, Eiweiß/g 1, Kohlenhydrate/g 1, Fett/g 14, Ballaststoffe/g 0

Sauce Normande

einfach, Blitzrezept
4 Portionen

- 200 g Schlagsahne
- 3 Eigelb
- 2 TL Cognac
- Salz
- frisch gemahlener weißer Pfeffer
- 100 g kalte Butter

In einem Wasserbadeinsatz die Schlagsahne mit dem Eigelb verrühren.

Das Wasserbad erhitzen, die Schüssel einhängen und die Eicreme unter kräftigem Schlagen mit dem Schneebesen erhitzen bis sie bindet. Mit Cognac, Salz und Pfeffer würzen.

Die kalte Butter in Würfeln nach und nach zugeben, die Sauce glattrühren und aus dem Wasserbad heben.

Variationen: In die Grundmenge 1 Eßlöffel Tomatenpüree rühren und mit Rosenpaprika pikant abschmecken.

In die Grundmenge 2 Teelöffel Sardellenpaste oder 1 gepreßte Knoblauchzehe oder einige Tropfen Zitronensaft und 2 Eßlöffel frisch gehackte Kräuter rühren.

In die Grundmenge 10 g schwarze Trüffel aus der Dose, gehackt, samt Sud rühren.

Nährwerte pro Portion
Kilokalorien 410, Kilojoule 1710, Eiweiß/g 4, Kohlenhydrate/g 2, Fett/g 41, Ballaststoffe/g 0

Sabayon

Blitzrezept
4 Portionen

- 4 Eigelb
- Salz
- frisch gemahlener weißer Pfeffer
- 200 ml aromatische Flüssigkeit (Wein, Fond, Fumet oder Reduktion)
- 1 TL Zitronensaft
- 1 EL trockener weißer Wermut (ersatzweise Portwein oder Sherry)
- 1 EL gehackter Estragon
- 1 EL gehackte Petersilie

Das Eigelb in einen Wasserbadeinsatz geben und mit Salz und Pfeffer würzen. Die Flüssigkeit einrühren (hier ist es gelierender Fischfond, aufgelöst und mit trockenem Weißwein gemischt).

Die Sauce über dem Wasserbad so lange schaumig schlagen, bis sie eindickt.

Mit Salz, Pfeffer, Zitronensaft und dem Wermut abschmecken. Den Estragon und die Petersilie zum Schluß einrühren.

Nährwerte pro Portion
Kilokalorien 90, Kilojoule 360, Eiweiß/g 4, Kohlenhydrate/g 1, Fett/g 6, Ballaststoffe/g 0,2

Diese im Wasserbad abgeschlagene Sauce ist eine magere, luftig leichte Alternative zur fettreichen Hollandaise oder Béarnaise. Sie besteht nur aus Eigelb, Flüssigkeit und Gewürz.
Da wesentlich mehr Flüssigkeit als bei der Hollandaise verarbeitet wird, kann diese Flüssigkeit nicht nur Wasser sein. Sie muß starkes Aroma haben! Man verwendet deshalb, je nachdem, wozu der Sabayon gereicht wird, stark reduzierte Brühe oder Fond von Fisch, Meeresfrüchten oder Gemüse.
Man kann Sabayon auch nur mit Wein oder Sekt aufschlagen oder Fond und Wein mischen.

Tip Als Saucenbasis zu Fisch kann in die Béchamelsauce auch Fischfond kommen. 1/4 l Milch durch Fond ersetzen.

Béchamelsauce

einfach, Blitzrezept
4 Portionen

- 35 g Butter
- 40 g Mehl
- 1/2 l Milch
- Salz
- frisch gemahlener weißer Pfeffer
- frisch geriebene Muskatnuß

In einem Topf mit schwerem Boden (legt weniger an!) die Butter aufschäumen lassen. Sie darf keine Farbe annehmen.

Das Mehl dazustreuen und bei mittlerer Hitze ständig rühren, bis die Masse teigartig abgebunden hat.

Die kalte Milch dazugießen und mit dem Schneebesen kräftig schlagen, damit sich das Mehl gut auflöst.

Die Sauce unter Rühren aufkochen lassen, mit wenig Salz, Pfeffer und Muskatnuß würzen und 30 Minuten köcheln lassen. Dabei von Zeit zu Zeit mit einem Holzlöffel umrühren, damit die Sauce nicht am Topfboden ansetzt.

Die Sauce durch ein Sieb passieren und mit den Gewürzen nochmals abschmecken.

Nährwerte pro Portion
Kilokalorien 150, Kilojoule 620, Eiweiß/g 2, Kohlenhydrate/g 10, Fett/g 11, Ballaststoffe/g 0,3

Schnittlauchsauce

einfach, Blitzrezept
4 Portionen

- 1/4 l Béchamelsauce
- 1 Bund Schnittlauch
- 150 g Crème fraîche
- 1 Eigelb
- Salz
- frisch gemahlener weißer Pfeffer
- 1 Spritzer Zitronensaft

Die Béchamel in einem Topf aufkochen lassen.

Den Schnittlauch waschen, trockenschütteln und in kleine Röllchen schneiden. Mit der Crème fraîche und dem Eigelb verrühren.

Die Béchamel von der Kochplatte nehmen, die Schnittlauchmischung einrühren und mit Salz, Pfeffer und Zitronensaft abschmecken.

Nährwerte pro Portion
Kilokalorien 1210, Kilojoule 5060, Eiweiß/g 27, Kohlenhydrate/g 54, Fett/g 93, Ballaststoffe/g 1,4

Dillsauce

einfach, Blitzrezept
4 Portionen

- 1 Zwiebel
- 1/2 Bund Petersilie
- 2 Bund Dill
- 40 g Butter
- 40 g Mehl
- 1/2 l Fischfond
- Salz
- frisch gemahlener weißer Pfeffer
- 1 Prise Zucker
- 1 EL Zitronensaft
- 200 g saure Sahne

Die Zwiebel abziehen und kleinhacken. Petersilie und Dill waschen und trockenschütteln. Die Petersilienstengel samt den Blättern hacken, den Dill zupfen, Stengel und Kraut getrennt hacken.

Die Butter aufschäumen lassen, die Zwiebel, die Petersilie und die Dillstengel kurz anschwitzen. Mit dem Mehl bestäuben, hell anschwitzen und mit dem Fischfond aufgießen. Gut durchrühren und zum Kochen bringen.

Mit Salz, Pfeffer, Zucker und dem Zitronensaft würzen. Die Hälfte des Dillkrautes hinzufügen und die Sauce so lange köcheln, bis sie dick zu werden beginnt.

Die Sauce passieren, die saure Sahne und das restliche Dillkraut einrühren. Nochmals abschmecken.

Nährwerte pro Portion
Kilokalorien 960, Kilojoule 4010, Eiweiß/g 16, Kohlenhydrate/g 53, Fett/g 72, Ballaststoffe/g 3,7

Gekochte Senfsauce

einfach, Blitzrezept
4 Portionen

- 35 g Butter
- 40 g Mehl
- 1/2 l Fischfond
- 3 EL scharfer Senf
- 2 Eigelb
- Salz
- frisch gemahlener weißer Pfeffer
- 1 Prise Zucker
- 1 TL Weinessig
- 2 EL Zitronensaft
- 1 Bund Dill

In einem Topf bei schwacher Hitze Butter und Mehl goldgelb anschwitzen. Mit heißem Fischfond ablöschen, glattrühren und 20 Minuten köcheln lassen.

Inzwischen den Senf mit Eigelb, Salz, Pfeffer, Zucker, Essig und Zitronensaft verquirlen.

Den Dill waschen, trockenschütteln und fein hacken.

Die heiße Sauce in die Senfmischung rühren und den Dill unterziehen.

Nährwerte pro Portion
Kilokalorien 106, Kilojoule 443, Eiweiß/g 3, Kohlenhydrate/g 6, Fett/g 8, Ballaststoffe/g 0

Tip *Je nachdem, wozu die Mayonnaise gegessen wird, kann die Grundmenge auch für 6 Portionen reichen.*

Mayonnaise

einfach, Blitzrezept
4 Portionen

- 2 Eigelb (Zimmertemperatur)
- 1 Prise Salz
- frisch gemahlener weißer Pfeffer
- 300 ml Olivenöl
- 1-2 TL Zitronensaft oder Weinessig

Eigelb in einer Schüssel mit Salz und Pfeffer würzen und schlagen, bis das Eigelb heller wird. Dazu entweder den Schneebesen oder das elektrische Handrührgerät nehmen (niedrige Geschwindigkeit).

Das Öl unter ständigem Schlagen tropfenweise zugeben. Wenn die Sauce einzudikken beginnt, das übrige Öl in dünnem Strahl einarbeiten. Die steife Mayonnaise mit Zitronensaft oder Essig verrühren.

Falls die Mayonnaise steifer gewünscht wird, noch etwas Öl zugeben. Gerät sie zu fest, mit 1 bis 2 Teelöffel Zitronensaft oder lauwarmem Wasser verdünnen. Zitronensaft macht die Mayonnaise heller!

Die fertige Mayonnaise abschmecken.

Als weitere Würze passen: 1 gepreßte Knoblauchzehe oder 1 Teelöffel scharfer Senf.

Nährwerte pro Portion
Kilokalorien 730, Kilojoule 3070, Eiweiß/g 2, Kohlenhydrate/g 0, Fett/g 78, Ballaststoffe/g 0

Ailloli

einfach
4 Portionen

- 3-6 Knoblauchzehen, je nach Geschmack
- 300 ml Olivenöl
- 2 Eigelb
- Salz
- frisch gemahlener weißer Pfeffer
- Zitronensaft

Die Knoblauchzehen abziehen, durch die Presse drücken und im Mörser mit einigen Tropfen Öl zu einer glatten Paste stampfen. 2 Eigelb dazugeben und das Öl mit einem Schneebesen erst tropfenweise, dann in dünnem Strahl einarbeiten.

Mit Salz, Pfeffer und Zitronensaft abschmecken.

Nährwerte pro Portion
Kilokalorien 730, Kilojoule 3080, Eiweiß/g 2, Kohlenhydrate/g 0, Fett/g 78, Ballaststoffe/g 0,2

Sauce Rouille

einfach,braucht Zeit
4 Portionen

- 2 rote Paprikaschoten
- 2 Knoblauchzehen
- 2 kleine, rote Chilischoten
- 1 Scheibe Toastbrot
- etwas Fisch- oder Fleischbrühe
- 4 EL Olivenöl
- eventuell etwas Tomatenmark zum Färben

Die Paprikaschoten halbieren, entkernen und Trennhäute entfernen. Paprikahälften in dem auf 200°C vorgeheizten Backofen rösten, bis sich die Haut in Blasen abhebt. Schoten kurz in ein kaltes, feuchtes Tuch wickeln und die Haut abziehen. Die Hälften in etwa 1/2 cm große Würfel schneiden.

Knoblauch abziehen, Chilischoten waschen, entkernen und hacken. Beides im Mörser fein zerstoßen.

Das Toastbrot entrinden und kurz in etwas Fischbrühe einweichen. Zusammen mit den Paprikawürfeln in die Sauce einarbeiten.

Das ganze zu einer glatten Paste stoßen und mit dem Olivenöl verrühren. Eßlöffelweise von der Fischbrühe zugeben, bis eine dickflüssige Sauce entsteht.

Falls die Paprikaschoten nicht genügend rot färben, kann man noch etwas Tomatenmark einrühren.

Nährwerte pro Portion
Kilokalorien 570, Kilojoule 2380, Eiweiß/g 6, Kohlenhydrate/g 20, Fett/g 49, Ballaststoffe/g 5,8

Sauce gribiche

einfach, Blitzrezept
4 Portionen

- 4 Eier
- 1 Eigelb
- 1 TL körniger Senf
- 1 EL Zitronensaft
- 300 ml Öl
- 1 Bund Petersilie
- 1 Zweig Salbei
- 1/2 Bund Schnittlauch
- 50 g Cornichons
- 1 EL Kapern

Die 4 Eier in 10 Minuten hart kochen. Dann in kaltem Wasser abschrecken und schälen.

Die Eier halbieren, das Eigelb mit einem Löffel herauslösen. Zusammen mit dem rohen Eigelb in einen Mörser oder eine kleine Schüssel geben. Mit dem Senf zu einer glatten Paste verarbeiten.

Den Zitronensaft dazugeben, das Öl unter kräftigem Schlagen langsam hineinträufeln.

Die Kräuter waschen und trockenschütteln. Die Petersilie und den Salbei hacken. Den Schnittlauch in Röllchen schneiden.

Die Cornichons und die Kapern kleinhacken. Das gekochte Eiweiß von 2 Eiern fein schneiden.

Kräuter, Cornichons, Kapern und Eiweiß unter die Mayonnaise heben.

Nährwerte pro Portion
Kilokalorien 3290, Kilojoule 13770, Eiweiß/g 33, Kohlenhydrate/g 11, Fett/g 332, Ballaststoffe/g 2,4

Cocktailsauce

einfach, Blitzrezept
4 Portionen

- 1 EL Essig
- 1 Prise Salz
- 1 TL scharfer Senf
- 2 Eigelb
- 8 EL Öl
- 4 EL Crème fraîche
- 2 EL Tomatenmark
- 1 Prise Zucker
- 1 TL Worcestershiresauce
- frisch gemahlener Pfeffer
- 1 EL Cognac
- etwas Zitronensaft

Essig und Salz gründlich verrühren, bis sich das Salz gelöst hat. Unter kräftigem Rühren den Senf und das Eigelb zufügen. Anschließend das Öl unterschlagen. Crème fraîche und Tomatenmark einrühren.

Die Sauce mit Zucker, Worcestershiresauce, Pfeffer und Cognac würzen. Mit einigen Tropfen Zitronensaft abschmecken.

Nährwerte pro Portion
Kilokalorien 280, Kilojoule 1160, Eiweiß/g 2, Kohlenhydrate/g 1, Fett/g 27, Ballaststoffe/g 0

Lachsdip

einfach, Blitzrezept
4 Portionen

- 200 g Crème fraîche
- 100 g Salatmayonnaise
- 1 TL Zitronensaft
- Salz
- frisch gemahlener weißer Pfeffer
- 1/2 TL Meerrettich, frisch gerieben oder aus dem Glas
- 2 Frühlingszwiebeln
- 250 g gedünsteter Lachs

Crème fraîche und Mayonnaise in einer Schüssel mit dem Schneebesen verrühren. Zitronensaft, Salz, Pfeffer und Meerrettich zufügen und kräftig würzen. Die geputzten Frühlingszwiebeln fein hacken. Den Lachs mit 2 Gabeln zerpflücken. Beides unter die Sauce mischen. 30 Minuten kühlen und noch einmal abschmecken.

Paßt sehr gut zu Toast, Vollkornbrot und Kräckern oder als Dip für Gemüsestifte.

Nährwerte pro Portion
Kilokalorien 370, Kilojoule 1570, Eiweiß/g 14, Kohlenhydrate/g 5, Fett/g 31, Ballaststoffe/g 0

Artischocken-Knoblauchsauce

einfach
4 Portionen

- 1 Knoblauchzehe
- 1 kleine Dose Artischockenherzen, 400 g
- 100 g Crème fraîche
- 2 Bund gemischte Kräuter wie glatte Petersilie, Schnittlauch, Borretsch, Zitronenmelisse, Basilikum
- 2 EL Zitronensaft
- Tabasco
- Salz
- frisch gemahlener weißer Pfeffer

Die Knoblauchzehe abziehen und mit den gut abgetropften Artischockenherzen im Mixer oder mit dem Schneidstab pürieren. Das Püree mit Crème fraîche verrühren.

Die Kräuter waschen, trockenschütteln und fein hacken, dann zufügen und die Sauce mit Zitronensaft, Tabasco, Salz und Pfeffer abschmecken.

Diese Sauce ist ein hervorragender Dip für Fondues, zu Grilladen, für knackige Gemüse oder zum Naschen mit Kräckern.

Nährwerte pro Portion
Kilokalorien 131, Kilojoule 550, Eiweiß/g 3, Kohlenhydrate/g 12, Fett/g 8, Ballaststoffe/g 4,0

Kalte Grüne Sauce

einfach, braucht Zeit
4 Portionen

- 1 Knoblauchzehe
- Salz
- je 1 Bund glatte Petersilie, Schnittlauch, Basilikum oder Dill
- je 1 Zweig andere Gartenkräuter wie Thymian, Minze, Zitronenmelisse, Majoran, Salbei oder Rosmarin
- 8 El Olivenöl
- 1 Schalotte
- Saft von 1/2 Zitrone
- frisch gemahlener weißer Pfeffer

Die Knoblauchzehe abziehen, vierteln und im Mörser mit einer Prise Salz zerstoßen.

Die Kräuter waschen, trockenschütteln, verlesen und fein hacken. Mit einigen Tropfen Öl im Mörser stoßen.

Die Schalotte abziehen und fein hacken, samt dem Zitronensaft in den Mörser geben und die Mischung noch einmal stoßen.

Dann das restliche Olivenöl einrühren, 2 bis 3 Eßlöffel Wasser zugeben und die Sauce mit Salz und Pfeffer abschmecken.

Grüne Sauce zugedeckt mindestens 1 Stunde ziehen lassen, damit die Kräuter quellen.

Variation: Mit der Knoblauchzehe einige gewässerte Sardellenfilets zerstoßen. Außer den Kräutern auch gehackte Kapern zugeben oder etwas grüne Paprikaschote. Mit mildem Essig, frischen Chilischoten oder mit Senf können verschiedene Geschmacksvarianten erreicht werden.

Cremig wird die Sauce, wenn man 2 Eigelb mit den Kräutern verrührt und dann erst das Öl dazugibt.

Wenn statt Öl Crème fraîche oder Créme double verwendet wird, kann man auch alle Zutaten im Mixer pürieren. Dies ergibt eine flüssige, schaumige Sauce.

Nährwerte pro Portion
Kilokalorien 250, Kilojoule 1060, Eiweiß/g 2, Kohlenhydrate/g 2, Fett/g 25, Ballaststoffe/g 1,3

Tip

Die Zahl der Zutaten kann zwischen 3 und 30 schwanken. Unbedingt notwendig sind mindestens ein grünes Küchenkraut, Fett und Gewürze. Außerdem wichtig: der Mörser! Eilige können diese Sauce natürlich auch im Mixer pürieren.

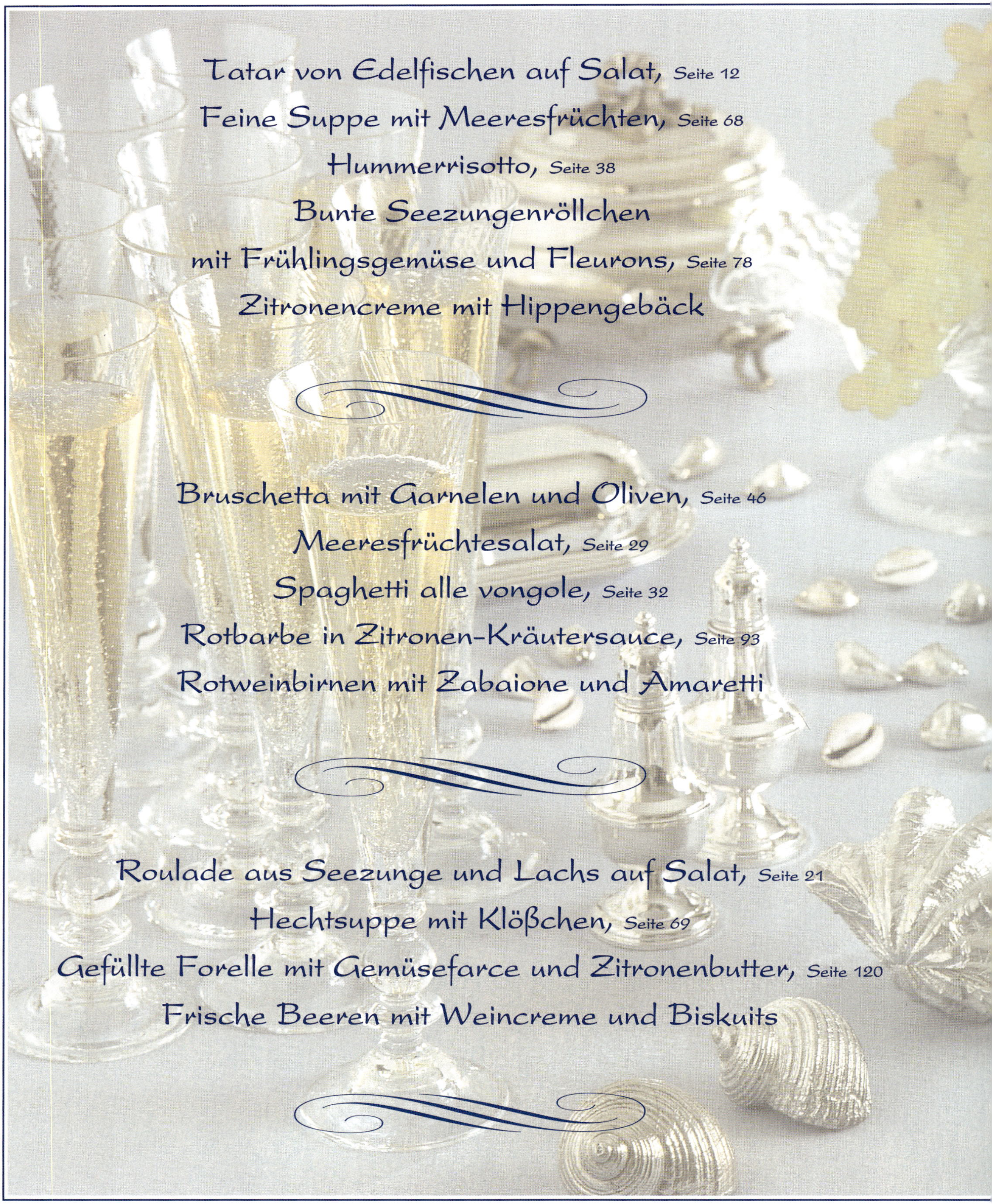

Tatar von Edelfischen auf Salat, Seite 12
Feine Suppe mit Meeresfrüchten, Seite 68
Hummerrisotto, Seite 38
Bunte Seezungenröllchen
mit Frühlingsgemüse und Fleurons, Seite 78
Zitronencreme mit Hippengebäck

Bruschetta mit Garnelen und Oliven, Seite 46
Meeresfrüchtesalat, Seite 29
Spaghetti alle vongole, Seite 32
Rotbarbe in Zitronen-Kräutersauce, Seite 93
Rotweinbirnen mit Zabaione und Amaretti

Roulade aus Seezunge und Lachs auf Salat, Seite 21
Hechtsuppe mit Klößchen, Seite 69
Gefüllte Forelle mit Gemüsefarce und Zitronenbutter, Seite 120
Frische Beeren mit Weincreme und Biskuits

Festliche Fischmenüs

Fischterrine mit Kräutercreme und kleinem Salat, Seite 18
Bouillabaisse mit Croûtons und Sauce Rouille, Seite 58
Gebackener Loup de mer mit Ratatouille, Seite 110
Schokoladenparfait mit Früchten

Ceviche von Riesengarnelen, Seite 17
Maschas Meeresfrüchtetopf, Seite 60
Brasse aus dem Ofen, Seite 112
Kokoscreme mit exotischem Fruchtsalat

Muschelsuppe, Seite 70
Lachsforelle, gebraten,
mit Kräutersauce und Gemüsenudeln, Seite 99
Lauwarme Apfeltarte mit Nußeis

Fisch

SÜSSWASSERFISCHE

Regenbogenforelle

Ihren Namen verdankt sie der in Regenbogenfarben schillernden Haut. Sie wird vor allem in Zuchtteichen gehalten. Einheimische Forellen werden lebend gehandelt.

Bachforelle

Ihre Heimat sind die kalten, sauerstoffreichen Bäche. Kenner bevorzugen die Gebirgsforelle wegen ihres schmackhaften, weißen und festen Fleisches.

Seeforelle

Sie lebt in großen, tiefen Seen und laicht in den Flußmündungen. Die Seeforelle kann eine stattliche Größe von etwa 1 Meter erreichen. Wohlschmeckendes Fleisch liefern aber nur kleine, junge Exemplare.

Lachsforelle, gezüchtet

Weil es die echte Lachsforelle nicht überall und in Hülle und Fülle gibt, und weil Lachsrot zu den kulinarischen Lieblingsfarben zählt, greifen die Züchtereien in die Trickkiste: Regenbogenforellen bekommen so lange Fertigfutter mit Karotin, bis ihr Fleisch lachsrot wird. Da das seine Zeit braucht, werden diese Regenbogenforellen größer und fetter als ihre ungefärbten Schwestern.

Saibling

Nahe Verwandte der Forellen sind die farbenprächtigen Bach- und Seesaiblinge. Ihr Fleisch wird noch höher geschätzt als das der Forelle.

Blaufelchen

Vor allem im Bodensee gedeihen die bis zu 50 cm langen Blaufelchen. Sie sind mit den Renken verwandt und wegen ihres zarten, weißen Fleisches beliebt.

Renke

Eine nahe Verwandte der Blaufelchen ist die Renke. Sie lebt in allen Flüssen und Seen Nordrußlands und Sibiriens und in zahlreichen Seen des Alpengebiets. Renken sind schlank und glänzen silbern.

Renken werden meist geräuchert, gebraten oder gegrillt. Renken sind die typischen Steckerlfische.

Karpfen

Aus dem heute noch in Seen und Flüssen vorkommenden Schuppenkarpfen entstand durch Züchtung der Spiegelkarpfen. Er hat wenige große Schuppen, sogenannte Spiegel, und wird in großen Zuchtteichen gehalten.

Schleie

Der sehr schleimigen Oberfläche verdankt dieser Fisch seinen Namen. Die Schleie lebt in stehenden oder langsam fließenden Gewässern. Sie wird auch häufig zusammen mit Karpfen in Teichen gezüchtet. In Naturgewässern kommt sie in ganz Europa bis nach Sibirien vor. Sie wird bis zu 60 cm lang und kann ein Gewicht von 7 kg erreichen.

Hecht

Der gefräßige Raubfisch lebt in allen Gewässern Mitteleuropas. Das Fleisch von mittelgroßen Hechten ist zart, aber grätenreich.

Zander

Auch der Zander ist ein Raubfisch. Am bekanntesten ist der Donau-Zander. Der schlanke Fisch lebt aber auch in anderen ost- oder mitteleuropäischen Gewässern. Sein Fleisch ist weiß, zart und äußerst saftig.

Barsch

Er ist ein kleiner Verwandter des Zanders, darf aber nicht mit Rotbarsch verwechselt werden, der im Salzwasser seine Heimat hat.

Wels oder Waller

Der Waller wird wegen seines fast grätenlosen Fleisches sehr geschätzt. Er lebt in warmen Seen und großen Flüssen mit weichem Boden in Mittel- und Osteuropa. In Süddeutschland ist vor allem der Donauwaller bekannt, der aber wegen seines seltenen Vorkommens kaum mehr im Handel angeboten wird. Welse können bis zu 3 Meter lang und 150 kg schwer werden.

Flußaal

Der schlangenartige Aal, überwiegend ein Süßwasserbewohner, ist aber nicht nur in Binnengewässern, sondern auch in Nord- und Ostsee anzutreffen. Zum Laichen wandern die Aale in die Sargassosee im Atlantik. Die jungen Aale treten wieder den Weg in die Binnengewässer an. Das Fleisch des Aals ist fest, ohne Gräten, aber sehr fettreich.

Stör

Bekannt ist der Stör hauptsächlich durch den von ihm produzierten Rogen, den Kaviar. Der haifischförmige Fisch hat aber auch ein gutes, festes Fleisch. Störe sind Süßwasser- und Wanderfische, die auf der nördlichen Halbkugel leben. Wie die Lachse laichen sie in Flüssen, die Jungtiere wandern nach 2 Jahren in das Meer. In den GUS-Staaten wird der 1–2 Meter lange Stör auch in Teichen gezüchtet.

Echte Lachsforelle

Wegen ihres zartrosa Fleisches ist sie besonders beliebt. Die bis zu 1 Meter lange, etwa 8 kg schwere Lachsforelle ist wie der Lachs teils im Meer, teils in Flüssen und Seen zuhause. Sie wird wie Lachs zubereitet.

Lachs/Salm

Der edle Lachs ist mit den Forellen nahe verwandt. Er wandert jedoch zwischen Flüssen und Meer. Im Süßwasser verbringt er seine Jugend. Dann wandert er – in diesem Stadium Salm genannt – in den Nordatlantik oder Pazifik. Dort wächst er zum laichreifen Fisch heran.

SEEFISCHE

Hering

Der bekannteste aller Seefische, der Hering, bewohnt in großen Schwärmen die gemäßigten und kalten Meeresgebiete des Nordatlantik einschließlich Nord- und Ostsee sowie des Nordpazifik. Nach Alter und biologischem Zustand wird unterschieden in:

- Matjes: junger Hering, der noch nicht gelaicht hat
- Vollhering: Mit Milch oder Rogen vor dem Ablaichen gefangener Hering
- Yhlen: ein schlanker, magerer Hering in ausgelaichtem Zustand.

Als „grüner Hering“ wird der frische, nicht verarbeitete Hering bezeichnet.

Sardine

Sie ist dem Hering ähnlich. Am bekanntesten ist wohl die Ölsardine aus der Dose. Doch zunehmend wird die Sardine auch frisch zum Grillen und Braten angeboten.

Sprotte

Die Sprotte, auch Breitling genannt, ist ein naher Verwandter des Herings, wird allerdings nur 16 cm lang. Sie gehört zu den eher fettreichen Fischen. Weltruhm erlangte die Sprotte nicht als Frischfisch, sondern als „Kieler Sprotte“, die geräuchert ist.

Makrele

Die schlanke Makrele erreicht eine Länge von 35 – 50 cm. An ihren stahlblauen Querstreifen auf dem Rücken kann man sie leicht erkennen. Ihr saftiges, aromatisches Fleisch macht sie sehr beliebt.

Rotbarsch oder Goldbarsch

Durchschnittlich ist er 40 cm lang, kann aber auch eine Länge von 1 m erreichen. Der dunkelrote Tiefseerotbarsch mit magerem Fleisch wird meist als Rotbarsch verkauft. Der relativ fettreiche, goldgelbe Rotbarsch wird auch Goldbarsch genannt. Beide kommen selten als ganzer Fisch, sondern meist als Filet oder in Stücken in den Handel.

Wolfsbarsch

Mit seinem mageren, festen und weißen Fleisch, zählt der Wolfsbarsch oder Seebarsch zu den edelsten Speisefischen. Wir finden ihn auf den Speisekarten häufig als Loup de mer bezeichnet. Er hat einen langgestreckten, eleganten Körper. Der Wolfsbarsch lebt im Ostatlantik, in der südlicher Nordsee, der Ostsee und im Mittelmeer. Er kann bis zu 1 Meter lang werden. Üblicherweise wird er jedoch mit einer Größe von 40 bis 60 cm und einem Gewicht von 0,6 bis 1,5 kg gehandelt.

Kabeljau

Junger Kabeljau und aus der Ostsee stammender Kabeljau werden als Dorsch bezeichnet. Sonst ist er im Nordatlantik und in der Nordsee zuhause. Der magere Kabeljau wird als Frischfisch ohne Kopf oder als Filet gehandelt. In Südeuropa wird er häufig gesalzen und getrocknet (Klippfisch) oder nur getrocknet (Stockfisch).

Seelachs oder Köhler

Ein Verwandter des Kabeljaus, der mit dem echten Lachs nichts zu tun hat. Das feste, leicht graue Fleisch ist besonders fettarm. Seelachsfilet wird am häufigsten frisch angeboten und ist für jedermann erschwinglich.

Schellfisch

Er unterscheidet sich von anderen Kabeljauarten durch einen runden, schwarzen Fleck an der Seitenlinie. Sein Fleisch ist heller als das des Kabeljaus und es hat einen noch feineren Geschmack.

Katfisch oder Steinbeißer

Ob Sie nun Katfisch, Steinbeißer oder gestreiften Seewolf kaufen, gemeint ist immer der gleiche Fisch. Den Namen Steinbeißer verdankt er seinem kräftigen Gebiß. Er lebt im Nordatlantik und ernährt sich von dickschaligen

Muscheln und Krebstieren. Da der Katfisch bis zu 1,25 m lang und bis zu 25 kg schwer wird, kommt er nicht im ganzen in den Handel. Sein wohlschmeckendes Fleisch wird filetiert oder in Stücken angeboten. Oft wird der Katfisch geräuchert.

Red Snapper

Zu deutsch: Roter Schnapper. Er wird in den wärmeren Gebieten des westlichen Atlantiks gefangen und ist deshalb in den USA und bis nach Brasilien wesentlich bekannter als bei uns. Hier werden meist kleinere Exemplare von 1-2 kg angeboten. Der Snapper hat festes, weißes Fleisch und ist dank seiner wenigen, großen Gräten einfach zu handhaben. Er eignet sich für alle Garmethoden.

Rote Meerbarbe

Die Barbe lebt im Mittelmeer, im Schwarzen Meer und im Asowschen Meer. Sie wird bis zu 30 cm lang und hat zwei getrennte, weit voneinander entfernte Rückenflossen. Kleinere Exemplare werden vor allem im Mittelmeerraum gerne im ganzen gegrillt.

Knurrhahn

Wir kennen ihn hauptsächlich aus den Fischsuppen der Mittelmeerländer. Er kommt aber auch im nördlichen und östlichen Atlantik vor. Auffallend sind der große Kopf im Verhältnis zum restlichen Körper, die Stacheln und großen Flossen. Wegen dieser enormen Karkasse hat man viel Abfall und relativ wenig von dem vorzüglichen, festen, weißen Fleisch. Dieser besonders wohlschmeckende Fisch eignet sich daher am besten für Suppen und Eintöpfe.

Ein rothäutiger Vertreter der Knurrhahnfamilie ist der Seekuckuck.

Großer roter Drachenkopf

Ein Raubfisch von furchterregendem Aussehen, der im Mittelmeer vorkommt und in wärmeren Gebieten des östlichen Atlantik. Wer eine echte Bouillabaisse gegessen hat, machte mit dem feinen, weißen Fleisch des „Rascasse" Bekanntschaft. Die äussere „Schale" ist allerdings hart, mit Knochenschuppen und einer besonders stacheligen Rückenflosse. Der große, rote Drachenkopf wird mit 35-50 cm Länge angeboten.

Goldbrasse und Sackbrasse

Bekannter als der deutsche Name ist vielen Feinschmeckern die Bezeichnung „Dorade royale", wie die Goldbrasse auf französisch heißt. Auffallend und kennzeichnend ist das breite Goldband zwischen den Augen. Wie seine Verwandte, die Sackbrasse, lebt sie in den wärmeren Zonen des östlichen Atlantik und im Mittelmeer. Ihr festes, weißes Fleisch ist äußerst wohlschmeckend und sie hat wenig Gräten. Mit einer durchschnittlichen Länge von 60 cm eignen sich die Brassen gut zum Garen im ganzen, gebraten oder gebacken.

Die häufig rosa schimmernde Sackbrasse ist selten auf dem Markt zu finden und deshalb eine besonders geschätzte Delikatesse.

Seeteufel

Der Seeteufel ist wegen seiner außergewöhnlichen Gestalt leicht von anderen Fischen zu unterscheiden. Er hat einen breiten, kugeligen Kopf mit vorstehendem Unter-

kiefer. Sein Rücken ist bräunlich mit dunklen Flecken, die Bauchseite ist weiß. Sein Zuhause ist die Nordsee, die westliche Ostsee und der Nordostatlantik. Er kann bis zu 2 Meter lang werden und ein Gewicht von 30 bis 40 kg erreichen. Das weiße, feste Fleisch ist grätenfrei und wird von Feinschmeckern hoch geschätzt, aber auch teuer bezahlt. Auf Speisenkarten finden wir ihn unter seinem französischen Namen „Lotte".

Petersfisch

St. Pierre, heißt er auf französisch, und bei diesem Namen kommen Feinschmecker ins Schwärmen. Typische Merkmale sind der runde, schwarze Fleck auf jeder Seite und die langen Hautanhängsel an den Flossen. Petersfische gibt es hauptsächlich in europäischen und asiatischen Meeren. Er eignet sich für alle Zubereitungsarten, sollte aber eher sanft behandelt werden.

Thunfisch

Verschiedene Arten des Thunfischs sind in allen Meeren verbreitet. Je nach Größe und Fleischfarbe wird zwischen dem Großen oder Roten Thun, der bis zu 3 Meter lang wird und dunkles Fleisch hat, und dem Weißen oder Langflossen-Thun, der nur 1 Meter lang wird und hellfleischig ist, unterschieden. Frisches, festes Thunfischfleisch ist eine Delikatesse. In Fischfachgeschäften werden häufig die dunkelfleischigen Koteletts angeboten. Meist landet der Thunfisch jedoch in der Dose.

Dornhai

Seinen Namen verdankt er den kräftigen Stacheln vor jeder Rückenflosse. Er wird im Durchschnitt 1 Meter lang und 3–4 kg schwer. Sein Fleisch ist fest und fettarm. Als Frischfisch wird er selten verkauft. Vom Dornhai stammen die Schillerlocken, die geräucherten Bauchlappen des Fisches. Als Seeaal wird die gehäutete Rückenmuskulatur angeboten.

PLATTFISCHE

Heilbutt

Der weiße Heilbutt ist der größte Plattfisch, bis zu 2 m lang. In der Küche finden meist die Koteletts Verwendung. Langgestreckter Körper, oben dunkel, unten weiß. Gutes Fleisch, aber nicht so fein wie Steinbutt oder Glattbutt, wird leicht trocken. Der schwarze Heilbutt ist kleiner, beidseitig schwarz, hat weiches, etwas fettes Fleisch, ist aber gut und preiswert.

Flunder

Oben bräunlich, manchmal grünlich, oft mit körniger Haut. Unterseite hell. Wird 30–40 cm lang. Zubereitungsarten wie bei der Scholle, geschmacklich etwas weniger fein, gut zum Räuchern geeignet.

Scholle/Goldbutt

Oberseite grau oder hellbraun mit organgefarbenen Tupfen. Unterseite weiß/blaßrosa. Wird bis zu 40 cm lang. Die Scholle hat unter den Plattfischen die wirtschaftlich größte Bedeutung. Die wichtigsten Fanggründe liegen in der Nordsee und westlichen Ostsee. Das Fleisch ist gut, aber nicht sehr fest. Besonders zum Braten geeignet.

Steinbutt

Den „Steinen", kleinen Verknöcherungen in der graumarmorierten Oberhaut, verdankt dieser Fisch seinen Namen. Die Unterseite ist weiß. Größe: 40 cm (Babybutt) bis über 1 m. Ausgezeichnetes weißes Fleisch.

Seezunge

Ovaler, länglicher Fisch mit rundlichem Kopf. Oben graubraun, Unterseite hell. Wird bis zu 50 cm lang. Delikates, mageres Fleisch von feinem Geschmack. Ganz oder zerteilt für sämtliche Zubereitungsarten geeignet.

Rotzunge

Ähnelt der Seezunge, ist aber mit der Scholle nahe verwandt. Oberseite rötlich bis graubraun. Wird durchschnittlich 30 cm lang. Beliebter Ersatz für die teure Seezunge. Das Fleisch der Rotzunge ist weicher und weniger schmackhaft.

Ein weiterer, hervorragender Plattfisch ist der **Glattbutt**. Er ähnelt dem Steinbutt in Aussehen und Zubereitung, hat aber eine glatte Haut. Preiswerte Plattfische sind die **Klieschen** oder **Scharben**. Außerdem gibt es noch regional verschiedene Zungen (**Sandzunge, Hundszunge** etc.) und Buttarten.

Kaviar

Das aktuelle Besinnen auf natürliches Leben und gesunde Ernährung steht in keinem Widerspruch zum Genuß von Fischeiern. Nichts anderes als Fischeier sind aber der Rogen vom Stör, der „echte Kaviar“, und die übrigen Rogensorten. Es darf also auch manchmal Kaviar sein - schließlich bleibt es jedem einzeln überlassen, ob er sich dabei wie ein Wolgafischer oder wie ein Luxuswesen fühlt.

Klein, zart, bunt: Die delikaten Fischeier

Der Rogen - die Eier - vieler verschiedener Fischarten ist schon immer ein beliebter Leckerbissen gewesen. Erst im 19. Jahrhundert bevorzugte man Störrogen, der in seiner russischen Heimat „Ikra“ heißt. Die Bezeichnung Kaviar leitet sich von „khvyah“ ab, dem türkischen Wort für Rogen.

Fischweibchen sind vor der Laichzeit vollgestopft mit Eiern, die an zwei Strängen von zarten Häutchen gehalten werden (siehe Abb. unten: eine Lachsforelle).

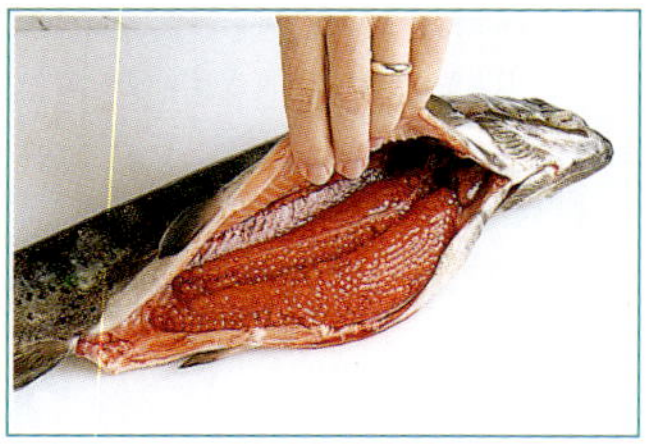

Der echte Kaviar vom Stör

Welche Kaviarsorte ist teurer und wertvoller - „Malossol“ oder „Beluga"? Lassen Sie sich nicht aufs Glatteis führen!

„Malossol“ ist keine Kaviarsorte. Dieser Hinweis auf der Kaviardose bedeutet nur „wenig Salz“.

Im wesentlichen wird der Rogen von 4 Störarten gehandelt: Den wertvollsten Kaviar kann man bei uns überhaupt nicht kaufen. Es ist der goldfarbene Rogen des Wolga-Sterlets. Früher durfte er nur an der Tafel des russischen Zaren gereicht werden.

Beluga ist der Kaviar des größten Störs, die beliebteste, aber auch die teuerste Sorte mit den größten Eiern. Die Körner sind silbrig bis dunkelgrau, fest, trocken und empfindlich. Von besonderer Qualität ist der Kaiser-Beluga, der aus den Eisfängen des Winters stammt.

Ossietr, **Osetr** oder **Ossetra** ist von mittlerer Qualität, hat also mittelgroße Körner. Dieser Kaviar wird besonders von Kennern geschätzt. Seine Farbe ist gelblich bis dunkelgrau. Er stammt von kleineren Stören.

Sevruga ist eine kleine Störart mit den kleinsten und auch preiswertesten Körnern. Dieser dunkelgraue Kaviar ist aber ebenfalls von sehr gutem Geschmack.

Eine Kreuzung aus Sevruga und Ossetra ergab den Ship-Stör (bekannt auch unter den Namen „Ship“ und „Schlipp“). Dieser Kaviar hat mittelgroße Körner, im Geschmack ähnelt er dem Sevruga.

Preßkaviar wird aus sehr reifen oder beschädigten Eiern hergestellt, die gesalzen und gepreßt werden. Häufig mischt man dafür verschiedene Kaviarsorten. Durch die Konzentration beim Pressen ist der Geschmack sehr intensiv. Er eignet sich für Gerichte, bei denen das Aussehen der einzelnen Körner keine große Rolle spielt.

„Malossol“ ist zwar nur der Hinweis darauf, daß der Ka-viar wenig gesalzen wurde, aber er hat doch etwas mit der Qualität zu tun: Kaviar aus Sommer- und Herbstfängen muß stark gesalzen werden (bis zu 12 %), um haltbar zu bleiben. Davon werden die Körner hart und glasig, und das Salz überdeckt den Wohlgeschmack. Dieser salzige Kaviar wird meist von billigen Sorten hergestellt und in mit Leinwand ausgeschlagenen Fäßchen verpackt (Serviettenkarviar).

Bei den Winterfängen ist dagegen keine so starke Salzkonservierung erforderlich. Dieser Malossol-Kaviar hat nur 3-4% Salzgehalt und wird wegen seiner besonderen Milde hoch geschätzt. Malossol gibt es von allen Kaviarsorten.

Haltbarkeit

Frost zerstört den Zellaufbau des Kaviars ebenso wie Hitze. Frischen, schwach gesalzenen Rogen kann man etwa 1 Woche im Kühlschrank bei etwa plus 4°C aufbewahren. Nicht pasteurisierter Kaviar in Dosen ist eine Halbkonserve und hält im Kühlschrank bei normaler Temperatur mehrere Wochen. Einen Rest in angebrochenen Packungen sollte man sofort

Tip

Ein besonders festlicher Rahmen für die teuere Delikatesse sind in Eis eingefrorene Rosen. Dieser dekorative Kranz läßt sich leicht und im voraus zubereiten: In eine Ringform 2 cm hoch Wasser füllen, Rosenblüten und einige Blätter einlegen und anfrieren. Dann die Form ganz mit Wasser füllen und einfrieren. Vor dem Servieren die Form kurz in heißes Wasser halten, den Rosenring stürzen, mit gestoßenem Eis füllen und mit dem Kaviar krönen.

in ein Schraubglas umfüllen, so kann man den Kaviar noch einige Tage im Kühlschrank aufheben. Kaviar darf niemals schmierig aussehen, matschig, klebrig oder sauer sein. Bombierte Dosen muß man leider wegwerfen.

Keta-Kaviar ist der rötliche bis orangefarbene Rogen des Keta-Lachses. Seine Körner sind sehr groß mit leichten Dellen. Dieser feuchte Rogen wird, ebenfalls gesalzen, meist in Gläser abgefüllt. So attraktiv seine Farbe, so wenig ist er im Geschmack mit dem echten, schwarzen Kaviar zu vergleichen.

Fester, gelb bis blaßorange und feiner im Geschmack ist der Rogen der Seeforelle.

Kleine, gelbe, sehr knackige Körner hat der Rogen von Regenbogenforelle und Saibling. „Forellenkaviar" ist dekorativ für kalte Platten und auch geschmacklich zufriedenstellend.

Steinbeißer-Rogen hat winzige, pfirsichfarbene Körner. Er schmeckt recht gut, ist aber bei uns leider sehr selten zu finden. In Dänemark gibt es Steinbeißer-Rogen in jedem Supermarkt. Kein Ersatz dafür, aber ebenfalls billig ist unser deutscher Kaviar aus Rogen von Seehasen, Dorsch, Kabeljau, Hering oder Makrele. Da diese Fischrogen eine unregelmäßige Farbe haben, kommen sie schwarz oder grau gefärbt in den Handel.

Eisgekühlt, heiß begehrt

Kaviar, ob direkt aus der Dose oder aus einer Glasschale, schmeckt eisgekühlt am besten.

Wird Kaviar mit warmen Beilagen wie Pellkartoffeln oder Blini verspeist, braucht er eine gekühlte Isolierschicht in Form von saurer Sahne oder Crème fraîche. Bei direkter Hitzeeinwirkung gerinnt das Eiweiß im Kaviar, er wird trüb und fischelt.

So können Sie Kaviar servieren

Puristen essen Kaviar auf getoastetem Weiß- oder Graubrot mit Butter. Über der Frage, ob Pfeffer und Zitronensaft zulässig sind, spalten sich bereits die Geister.

Das traditionelle Getränk dazu ist nach russischer Sitte Wodka. Da Kaviar aber hierzulande nicht aus dem Stadtbach gefischt wird, darf das Getränk dazu, dem exklusiven Ereignis entsprechend, auch Sekt oder besser noch Champagner sein.

Buchweizen-Blini mit saurer Sahne und Kaviar haben große Tradition. Einfacher in der Zubereitung und besser im Geschmack sind statt der Buchweizen-Blini winzige Kartoffelpuffer oder Rösti. Mehr Arbeit, aber attraktiv sind Mini-Crêpes, zu Tüten aufgerollt, mit Crème fraîche und Kaviar gefüllt.

Wirklich zu Hause sind die verschiedenen Kaviarsorten (echter und alle anderen Fischrogen) in der Kalten Küche. Die einfachste Version kennt jeder: Wachsweich gekochte Eier halbieren und einen Klacks deutschen Kaviar darauf häufen.

Von diesem mehr dekorativen als edlen Happen bis zu Räucherlachs mit echtem Kaviar gibt es unendliche Kombinationen, die mit Rücksicht auf den feinen Kaviar nicht allzu „exotisch" sein sollten.

Keta-Kaviar

Forellenrogen

Steinbeißer-Rogen

Beluga

Ossetra

Sevruga

Nichts geht über frischen Fisch

Wie erkennt man frischen Fisch?

Allgemeines Aussehen
Frisch: glänzend, metallisch schimmernd
Alt: schwach in den Farben, matt, ohne Lichtreflexe

Schuppen
Frisch: glänzend, fest haftend
Alt: leicht zu lösen

Haut
Frisch: die Farben strahlen, sie ist fest gespannt und haftet gut am Fleisch
Alt: farblos, schlaff bis faltig, leicht zu verletzen

Augen
Frisch: absolut klar und glänzend, leicht durchsichtig, etwas hervorstehend
Alt: matt bis milchig, undurchsichtig, häufig eingesunken

Kiemen
Frisch: einheitlich rot, feucht glänzend
Alt: fleckig, gräulich, verschleimt oder trocken

Allgemeiner Geruch
Frisch: nur schwach wahrnehmbar, angenehm
Alt: „Typischer Fischgeruch", unangenehm stark.

Fische ausnehmen

Am Beispiel einer Meeräsche wird gezeigt, wie ein frischer, nicht ausgenommener Fisch küchenfertig vorbereitet wird. Am häufigsten nimmt man ihn nur aus. Für manche Zubereitungsarten wird auch der Kopf abgeschnitten.

Meistens werden als erstes die Flossen und mögliche Stacheln entfernt. Den Fisch am Schwanzende festhalten und mit der Schere in Richtung Kopf schneiden. Dabei stellen sich die Flossen von selbst auf.

Viele Fische werden geschuppt. Fisch am Schwanz festhalten und mit einem Fischschupper oder der stumpfen Seite eines Messers zum Kopf hin schaben. Das macht man am besten im Spülbecken unter Wasser, weil die Schuppen umherfliegen.

Die einzelnen Kiemenblättchen müssen klar und deutlich zu erkennen sein. Je nach Fischart sind sie leuchtend rot bis kräftig dunkelrot.

Aus Fischen, die man im ganzen gart, werden die Kiemen herausgeschnitten. Mit einer Schere die Kiemen an den Ansatzstellen abschneiden und herausziehen.

Die Bauchhöhle mit einem kleinen, spitzen Messer von der Afteröffnung zum Kopf hin vorsichtig aufschneiden. Dabei das Messer möglichst flach führen.

Bei manchen Fischen kann man bis zu den Kiemen durchschneiden, bei anderen, die vor dem Kopf fester sind, braucht man eine Schere.

Beim Aufschneiden eines frischen Fisches zeichnen sich

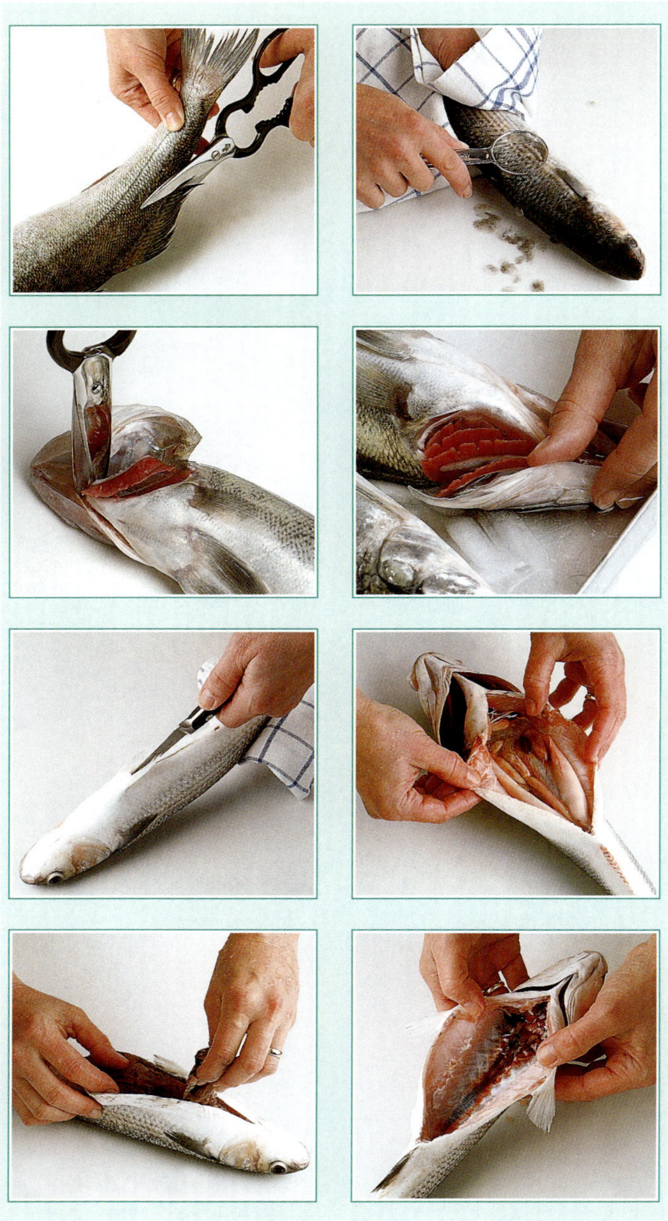

Schwimmblase und Innereien scharf ab. Die Eingeweide dürfen einen deutlichen, aber keinen unangenehmen Geruch haben.

Den Darm an der Afteröffnung mit den Fingern lösen und samt den Eingeweiden in Kopfrichtung herausziehen. Vorsicht, daß die schwarzgrüne bis dunkelbraune Galle nicht platzt. Sie hängt deutlich sichtbar an der Leber. Die Gallenflüssigkeit kann den Fisch ungenießbar machen. Falls etwas passiert, den Fisch sofort und gründlich auswaschen.

Am Rücken verläuft unter einer dünnen Haut die schlauchartige, dunkelrote Niere. Sie wird herausgeschabt, wozu der Daumennagel genügt. Danach den Fisch gründlich auswaschen.

Fische vorbereiten

RUNDFISCHE PORTIONIEREN

Manche Fische sind hinter dem Kopf leicht gepanzert und haben sehr kräftige Gräten, so daß es gar nicht leicht ist, den Kopf abzuschneiden. Sie brauchen ein schweres, scharfes Küchenmesser.

Direkt hinter der Kiemenöffnung schräg zum Kopf hin einschneiden, aber nur bis zur Mittelgräte. Dann den gleichen Schnitt auf der anderen Seite wiederholen. Nun das Messer im Einschnitt auf die Mittelgräte setzen und diese mit kräftigem Druck durchtrennen.

Kotelett oder Steak bezeichnen dicke Scheiben mit Gräten, quer zur Mittelgräte des Fischs geschnitten. Fischkoteletts findet man meist schon vorgeschnitten im Laden. Sie sind jedoch frischer und beliebig portionierbar, wenn man sie zu Hause selbst schneidet. Damit die Scheiben gut in Form bleiben, wird der Fisch nicht durch den Bauch, sondern durch den Hals ausgenommen. Bei Vorbestellung können Sie Ihren Fischhändler darum bitten.

Den Fisch auswaschen. Mit einem starken Messer Scheiben von ca. 3 cm Breite schneiden. Die Nierenteile (unter der Mittelgräte) aus den einzelnen Koteletts entfernen.

RUNDFISCHE FILETIEREN

Hier werden die Filets von einem Loup de Mer, einem Worfsbarsch, ausgelöst. Der Fisch ist nach der Anleitung auf der vorhergehenden Seite ausgenommen und geköpft.

Das Endergebnis sind zwei sauber ausgelöste Filets, die je nach Größe im ganzen gegart oder quer in Tranchen geschnitten werden.

Alles andere, was beim Filetieren übrigbleibt, sind keine „Abfälle". Kopf, Gräten, Flossen, Haut und alle kleinen Abschnitte bilden die Grundlage für einen würzigen Fischfond.

Um die Filets von der Mittelgräte zu schneiden, brauchen Sie ein besonders scharfes Messer. Den Rücken direkt neben der Rückenflosse der Länge nach einschneiden.

Das Fleisch von Kopfende bis Schwanz mit kurzen Schnitten bis zur Mittelgräte lösen.

Dann den Fisch flach auf die Seite legen, das Messer am Kopfende quer unter das obere Filet schieben und dieses in Schwanzrichtung direkt auf der Mittelgräte abschneiden. Dabei werden die Gräten in den Bauchlappen teilweise mit durchtrennt.

Wenn das erste Filet entfernt ist, auf der anderen Seite der Rückenflosse von Kopf bis Schwanz einschneiden und das Fleisch wieder bis zur Mittelgräte lösen.

Das zweite Filet wie das erste von der Karkasse schneiden. Kleine, dünne Gräten aus den Filets mit der Pinzette ziehen. Größere Bauchhöhlengräten von der Filetmitte zum Rand hin flach vom Fleisch schneiden.

Zum Häuten das Fleisch am Schwanzende des Filets auf der Haut einschneiden. Das freie Hautende festhalten und das flachgelegte Messer mit etwas Druck auf der Haut nach vorne führen.

RUNDFISCHE DURCH DEN RÜCKEN ENTGRÄTEN UND AUSNEHMEN

Diese Methode ist ideal, um ganze Fische zu füllen, denn der Bauch bleibt geschlossen, und es entsteht eine weite Öffnung, in die reichlich Füllung paßt. Sie brauchen neben einem besonders scharfen, spitzen Messer ein wenig Geduld, zumindest beim ersten Mal, später geht's fast im Schlaf.

Vorbereitung: Den Fisch, hier ist es eine Bachforelle, schuppen, die Flossen müssen nicht unbedingt abgeschnitten werden.

Den Fischrücken von Kopf bis Schwanz einschneiden und zwar zunächst auf einer Seite der Rückenflosse.

Dann auf der anderen Seite der Rückenflosse denselben Schnitt machen. Je nach Größe des Fisches beträgt der Streifen zwischen den beiden Einschnitten 3 bis 5 mm.

Damit ist erst der „Zugang" geschaffen, die Filets müssen nun von den Gräten gelöst werden: Mit Gefühl in den Fingerspitzen und in der Messerspitze wird das Fleisch von den Gräten getrennt - mehr schabend als schneidend. Dabei werden die feinen Gräten im oberen Drittel der Filets durchgeschnitten und bleiben zunächst im Fleisch. Wichtig ist, daß die großen, seitlichen Gräten über den Eingeweiden nicht verletzt werden. Beide Filets bis zur Bauchseite hinunter ablösen und dabei möglichst nicht durch die Haut am Bauch stechen.

Die völlig freigelegte Mittelgräte und den Schlund am Kopf direkt hinter den Kiemen durchschneiden. Dann die Mittelgräte am Schwanz abzwicken.

Gräten samt Eingeweiden vom Schwanz zum Kopf hin aus dem Fisch ziehen. Die verbleibenden, freiliegenden Eingeweide vorsichtig lösen und herausheben.

In den Filets stecken noch die abgeschnittenen, feinen Gräten. Bei kleinen Fischen stören sie beim Essen kaum. Man kann sie aber auch mit einer Pinzette ziehen. Bei größeren Fischen sollte man das jedenfalls tun. Danach den Fisch gründlich waschen.

PLATTFISCHE HÄUTEN UND FILETIEREN

Viele Plattfische werden gehäutet, zumindest auf der dunklen Seite, auch wenn man sie anschließend im ganzen brät. Die Filets der Plattfische sind eine besondere Delikatesse und am besten, wenn man sie vor dem Zubereiten selbst auslöst. Sogar die „Abfälle", Kopf und Gräten, sind für Sud und Fischfond besonders wertvoll. Falls der Fischhändler die Arbeit erledigt, lassen Sie sich die Abfälle mitgeben!

Bei allen Plattfischen die Haut vom Schwanz her abziehen: entweder einschneiden und mit dem Messer ein Hautstück lösen oder Salz auf den Schwanz streuen und kräftig reiben. Nur bei Rotzunge genau umgekehrt vorgehen.

Die Haut nicht nur vom Fleisch, sondern über die volle Breite auch von den Flossen lösen. So erhält man ein längeres Hautstück, das man gut fassen kann.

Schwanz und Hautstück evtl. mit Hilfe von je einem Tuch fassen und die Haut mit einem kräftigen Ruck bis über den Kopf abziehen. Andere Seite ebenso häuten.

Das Häuten geht leichter, wenn der Fisch noch nicht ausgenommen ist. Deshalb erst jetzt beide Bauchseiten aufschneiden, ausnehmen und möglichen Rogen mit den Abfällen zum Fond kochen.

Vor dem Filetieren Flossenkranz, Schwanz und Kopf mit der Küchenschere abschneiden.

Mit einem spitzen, biegsamen Messer filetieren: Filets durch einen Schnitt entlang der Mittelgräte trennen. Jedes

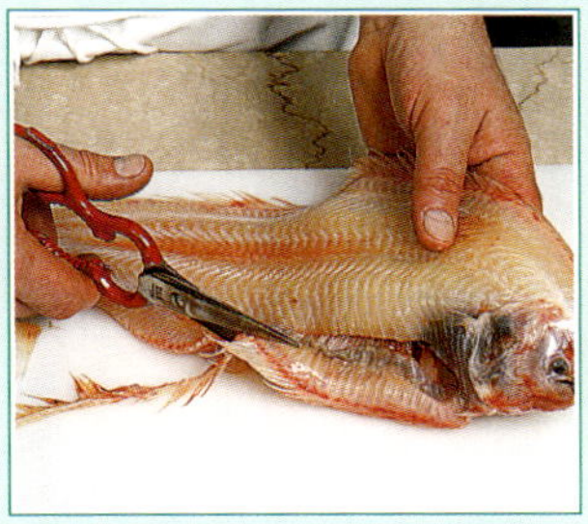

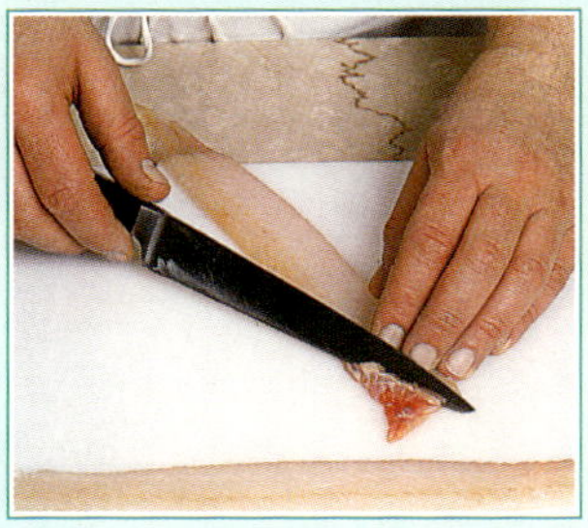

Filet mit kleinen Schnitten parallel zu den Gräten nach außen hin abtrennen.

Von jeder Seite 2 Filets auslösen, dann sauber zuschneiden. Für ganz weißes Fleisch die Filets wässern, um alles Blut herauszuziehen. Zum Aufheben Filets mit den Grätenseiten aufeinander in Folie wickeln und in den Kühlschrank legen.

Tip

Auf die Hautseite achten! Fischfilet hat eine Hautseite (von der die Haut abgezogen wurde, sie glänzt silbrig) und eine Grätenseite (die auf den Gräten lag). Beim Garen zieht sich die Hautseite zusammen, und die Filets rollen sich auf. Damit z. B. Seezungenröllchen halten, wickelt man sie mit der Hautseite nach innen. Filets sollen beim Braten flach bleiben, deshalb muß die Hautseite oben liegen. Filets 3/4 der Bratzeit auf der Grätenseite garen, dann nur noch für kurze Zeit wenden.

Fische blau kochen

Die ausgenommenen Fische vorsichtig waschen, um den Schleim auf der Haut möglichst nicht zu zerstören. Essig erhitzen und über die Fische gießen. Durch die Essigsäure färbt sich der Schleim auf der Haut bläulich. Fisch gut abtropfen lassen und zum Garziehen in den heißen Sud legen.

Heutzutage werden Fische häufiger einfach im Wurzelsud pochiert. Durch Essig oder Weißwein im Wasser können sie sich ebenfalls leicht blau färben.

FORELLEN BINDEN

Zum sogenannten „Blaukochen" werden Forellen traditionsgemäß rund gebunden. Dazu brauchen Sie eine Dressiernadel, ersatzweise eine lange, starke Nähnadel, Küchengarn oder einen kräftigen Faden und zwei Zahnstocher.

Das doppelt gelegte Garn mit Hilfe der Nadel durch den Schwanz und die Kiemendeckel ziehen.

Zunächst auf einer Seite die beiden Garnenden verknoten und zwei Zahnstocher durchschieben. Dann Kopf und Schwanz zusammenziehen, auf der anderen Seite die Garnenden verknoten und mit einem Zahnstocher verhindern, daß das Garn beim Pochieren ausreißt.

Gegarten Fisch vorlegen

Am Beispiel einer Lachsforelle sehen Sie, wie die meisten gegarten Fische portioniert werden, ganz gleich, ob Sie einen Portionsfisch für sich selbst zerlegen oder einen größeren Fisch in mehrere Portionen teilen.

Zunächst die Rückenflosse samt der Flossenträger mit Fischmesser und Gabel herausziehen.

Die Haut entlang der Seitenlinie, entlang des Rückens und an Kopf und Schwanz durchtrennen.

Die Haut auf die Gabel aufrollen und abziehen.

Das Rückenfilet hinter dem Kopf lösen und vorsichtig von der Mitte nach außen von den Gräten schieben.

Das ausgelöste Filet auf eine Platte oder einen Teller legen und das Filet von der Bauchseite ebenso ablösen.

Die Gräten mit dem Fischmesser vom unteren Filet abheben und Kopf und Schwanz von dem Filet trennen.

Die Bäckchen nicht vergessen! Sie sitzen zwischen Augen und Kiemendeckel und lassen sich mit dem Fischmesser leicht auslösen.

Das verbliebene Filet am besten mit der Hautseite nach oben auf die Platte legen (so läßt es sich gut transportieren) und die Haut abziehen.

Meeresfrüchte

KREBSTIERE

Noch vielfältiger als die Arten sind die Namen: deutsche, eingedeutschte und fremdsprachige. Selbst beim Fachhandel herrscht Begriffsverwirrung. Dabei gibt es ein paar einfache gemeinsame Nenner, auf die sich Tiere und Namen reduzieren.

AUS DEM MEER

Krebstiere lassen sich in 3 wesentliche Gruppen unterteilen:

Krebse, die diesen Namen tragen, sehen aus wie kleine Hummer. Ihr langer Schwanz endet in einem Fächer aus 5 Flossen, und sie haben mehr oder weniger große Scheren. Ausnahme: Taschenkrebs & Co., die wie Krabben aussehen.

Garnelen haben keine Scheren. Der Schwanz ist, von oben gesehen, sehr schmal und läuft spitz zu. Auch die 4 Schwanzflossen sind länglich und weniger stark ausgebildet als beim Krebs.

Krabben sind Kurzschwanzkrebse. Sie haben den Schwanz unter den Körper geklappt, so daß sie von oben rund oder oval aussehen. Alle Krabben haben Scheren.

Von den beiden falschen Bezeichnungen **„Nordseekrabbe"** und **„Hummerkrabbe"** ist erstere im Handel zulässig, während es „Hummerkrabben" nicht gibt. Sie sind große Garnelen.

Von **„Scampi“** hat fast jeder, von **„Kaisergranat“** kaum einer gehört, und trotzdem bezeichnen die Namen ein und dasselbe Tier. Das Schwanzfleisch dieses Tiefseekrebses ist eine Delikatesse, das magere Fleisch in den Scheren lohnt kaum die Arbeit, sie aufzubrechen.

Der Kaisergranat heißt auf französisch: **Langoustine**. Nicht zu verwechseln mit den **Langostinos** (Krebsen aus dem Südostpazifik), deren Schwanzfleisch nur gefroren oder in Dosen verkauft wird.

Damit Sie Krebs- und Garnelenschwänze nie wieder miteinander verwechseln, stehen sie in den folgenden beiden Abbildungen zum Vergleich.

Der Krebsschwanz vom Kaisergranat (bzw. Scampo).

Garnelenschwänze

Die Panzerglieder der Scampischwänze sind sehr stabil und verjüngen sich nur geringfügig. Die fünfteilige Schwanzflosse ist breit und flach. Auch im rohen Zustand hat der Kaisergranat eine blaßorangefarbene Tönung.

Der Garnelenpanzer ist dagegen wesentlich dünner, fast transparent und ungekocht meist von braungrauer Färbung. Typisch ist der spitz auslaufende Schwanz.

Hummer kommt hauptsächlich aus Skandinavien, Schottland, Irland, der Bretagne und aus Nordamerika. Man erkennt Ihn an seinen großen Scheren.

Langusten sehen sehr ähnlich wie Hummer aus, haben aber keine Scheren!

Großer Bärenkrebs

Das drollige Kerlchen mit dem hübschen Gürtel am Panzer kommt in Europa vom Mittelmeer oder der südlichen Atlantikküste. Man bereitet ihn wie einen Hummer zu und genießt das vorzügliche Schwanzfleisch.

Der rostbraune Panzer färbt sich beim Kochen blaßorange.

Heuschreckenkrebs

Dieser Krebs erhielt seinen Namen, weil er der Gottesanbeterin unter den Heuschrekken ähnelt. Er lebt in den Küstengebieten warmer Meere, in Europa im Mittelmeer. Da er nicht allzu reichlich gefangen wird, finden wir ihn selten im Handel. Das Fleisch der Heuschreckenkrebse schmeckt besonders fein, und man bekommt reichlich davon, da der Schwanz sehr lang und breit im Verhältnis zum Brustpanzer ist. Heuschreckenkrebse werden mit durchschnittlich 20 cm Länge angeboten. Ihre Zubereitung ist wie für Scampi.

Garnelen

Die zoologische Bestimmung der fast 3 000 bekannten Garnelenarten braucht uns glücklicherweise nicht zu kümmern. Die relativ wenigen, für die Küche in Frage kommenden Arten werden hauptsächlich nach Größen unterschieden, ob sie aus der Tiefsee oder dem Küstengewässer stammen, und schließlich, ob es Kalt- oder Warmwassergarnelen sind.

Der handelsübliche, englische Name **„Shrimp"** bezeichnet die kleineren Arten, die meist in der Tiefsee leben. Ausnahme: die „Nordseekrabben", die von der Größe her Shrimps sind, aber im flachen Küstengewässer gefischt werden. **„Prawns"** sind größere Garnelen, deren Prachtexemplare als „King", „Jumbo" oder „Tiger prawn" im Handel bezeichnet werden. Das entspricht dem deutschen Namen „Riesengarnele", die fälschlicherweise immer noch als „Hummerkrabbe" in Fischhandlungen und auf Speisekarten herumgeistert.

Falls Sie die Möglichkeit haben, zwischen Kalt- und Warmwassergarnelen zu wählen: Die Kaltwassergarnelen sind fast immer besser.

Französisch heißen die Garnelen **„Crevettes"**, auf spanisch **„Gambas"** und italienisch je nach Größe **„Gamberoni"** (groß) oder **„Gamberetti"** (klein).

Übrigens: Wußten Sie, weshalb fast alle Krebstiere beim Kochen rot werden? Der Panzer enthält verschiedene Farbstoffe, von denen nur das Rot hitzebeständig ist. Alle anderen Farben vergehen beim Kochen.

Je nach Gericht müssen **Garnelenschwänze** unterschiedlich vorbereitet werden. Jedenfalls sollte man den Darm entfernen. Soll der Schwanz im ganzen ausgelöst werden, schneidet man ihn an einer der beiden „Nahtstellen" an der Unterseite auf, zieht das Fleisch heraus, ritzt den Rücken ein und löst den Darm.

Will man Garnelenschwänze, z. B. zum Grillen, samt Schale aufklappen, schneidet man zunächst den Panzer mit einer Schere am Rücken entlang auf. Dann den Rücken einritzen und den Darm im ganzen herausziehen. Das Fleisch bis auf die dünne Unterseite des Panzers durchschneiden.

Schneller geht es, den Schwanz gleich samt Panzer und Fleisch zu halbieren, doch dabei zerschneidet man meist den Darm an mehreren Stellen.

Scampischwänze werden für viele Gerichte roh ausgelöst. Auch hier ist es angenehm, wenn der Darm vorher entfernt wurde. Brustpanzer und Schwanz mit je einer Hand fassen und mit drehender Bewegung auseinanderziehen.

Den Schwanz an der Unterseite mit beiden Daumen oder mit der Schere aufbrechen. Mit einem Daumen unter das Fleisch fahren und es herausheben. Aus dekorativen Gründen kann man die Flosse an der Schwanzspitze stehenlassen.

Schwanzfleisch am Rücken vorsichtig aufschneiden, bis der Darm sichtbar ist, und ihn entfernen.

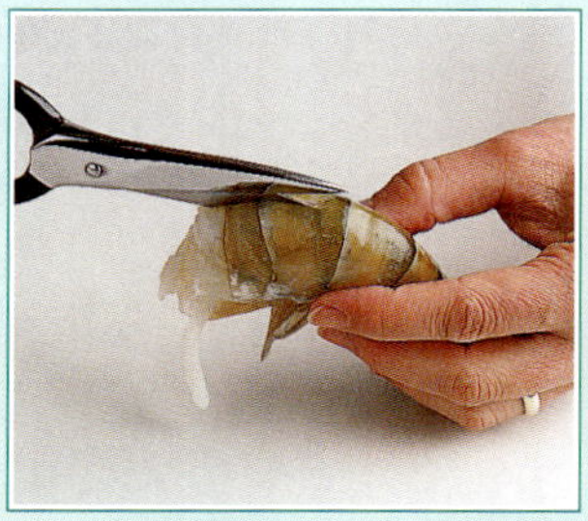

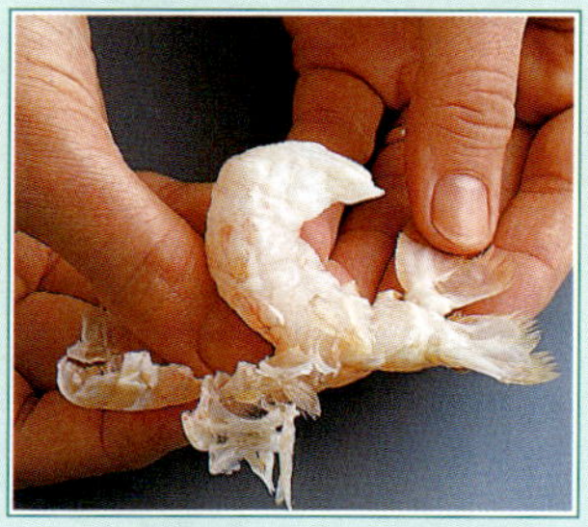

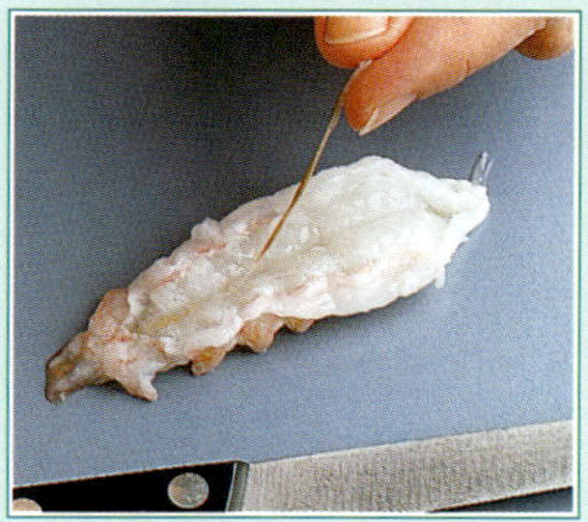

AUS DEM FLUSS

In anderen Kontinenten gibt es auch Süßwassergarnelen und Süßwasserkrabben. Was bei uns – leider nur noch selten – in Flüssen, Bächen und Seen krabbelt, ist der **Süßwasser-** oder **Flußkrebs,** auch Solokrebs genannt, mit riesigen Scheren.

Häufig findet man den Galizierkrebs, der bezeichnenderweise auch Schmalscherenkrebs heißt. Der Fleischanteil ist entsprechend!

Manchmal kommen kleine, rotbraune, afrikanische Krebse auf den Markt, die in den Scheren fast gar nichts und im Schwanz wenig Fleisch haben. Die bei uns häufig angebotenen türkischen Krebse sind ockergelb.

Große Krustentiere auslösen

Hummer kaufen ist nicht schwer, Hummer essen aber sehr – weil zwischen Gourmet und Hummerfleisch ein dicker Panzer steht. Wie Sie ihn knacken und das Fleisch auslösen können, zeigen die Bilder auf diesen Seiten. Die „Bastelvorlage" gilt auch für Langusten und Bärenkrebse.

Den Schwanz vom Rumpf trennen. Mit je einer Hand Brustpanzer und Schwanz fest packen und drehend auseinanderziehen.

Die Hummerscheren abdrehen. Den Hummer fest halten und die Scheren nacheinander mit drehender Bewegung aus dem Rumpf ziehen.

Das Mark aus dem Rumpf holen. Außer Darm und Magen sind die Innereien des Hummers geschmacklich wertvoll für Saucen, Suppen und Farcen.

Den Rumpf aufbrechen. Den ungenießbaren Magen auslösen, er liegt im Kopf zwischen den Augen.

Die Beine abdrehen, auch sie enthalten zartes Fleisch. Um es auszulösen, die Beine mit dem Messerrücken klopfen, so ist die Schale leicht zu öffnen. Das Fleisch mit der Hummergabel herausziehen.

Den Schwanz auf die Seite legen und mit dem Handballen einige Male auf den Panzer drücken, um ihn anzuknacken. Dann links und rechts der Unterseite mit der Küchenschere bis zu den Schwanzflossen einschneiden.

Die Unterseite zurückklappen und das Schwanzfleisch im ganzen herausziehen. Den Panzer aber nicht wegwerfen. Er kommt, wie auch die anderen Schalen, einer Suppe oder Sauce zugute.

Der Hummerschwanz wird in mehr oder weniger dicke Medaillons geschnitten. Darin stecken kleine Darmstückchen, die man mit einem Zahnstocher oder Schaschlikspieß entfernt.

Das beste Fleisch sitzt in den Scheren. Zunächst die hinteren Glieder von der Schere abdrehen. Dann die beiden Scherenzangen auseinanderbiegen. Die kleine, untere Zange samt dem Knorpelblatt mit kräftigem Zug nach unten wegbrechen.

Die Zange kräftig auf die Arbeitsfläche stoßen, dann rutscht das Fleisch heraus.

Die große Zange hochkant auf die Arbeitsfläche legen und mit einem schweren Messer auf das dicke Ende schlagen, so daß der Panzer springt. Danach ist es leicht, ihn zu öffnen und das Scherenfleisch unversehrt herauszuziehen.

Auch in den unteren Gliedern der Schere steckt feines Fleisch. Die Gelenke auseinanderziehen und die Panzerstücke aufschneiden.

Hummer vom Feinsten

Es genügt, wenn etwas einfach gut ist. Daran herumzubasteln, hat noch selten eine Verbesserung gebracht. Hummer ist sogar sehr gut, deshalb gönnen Sie sich den teuren Genuß möglichst natur.

„Natur“ heißt, daß das gekochte Hummerfleisch nicht weiter verarbeitet wird. Feingewürzte Buttersaucen, Mayonnaise und vor allem die Hummersauce schmecken hervorragend dazu.

Für Gerichte wie „Hummer Thermidor“ wird der gekochte Hummer längs halbiert. Den Körper entlang der Mittellinie mit einem scharfen, schweren Messer durchschneiden. Es ist dabei gleichgültig, ob Sie das Messer vom Kopf zum Schwanz in einem durchziehen oder von der Mitte nach außen erst den Rumpf und dann den Schwanz teilen. Aus den Körperhälften Magen und Darm entfernen. Alle eßbaren Teile auslösen und nach Rezept verarbeiten.

Taschenkrebs

Nach den eingangs angeführten Unterscheidungsmerkmalen müßte er eigentlich Taschenkrabbe heißen. Die Zoologen entschieden sich aber bei der Namensgebung für Taschenkrebs – nun ja, Krebstiere sind sie alle. Die abgebildeten Taschenkrebse gibt es vom hohen Norden bis zum Mittelmeer. Sie können groß und schwer werden (Panzerbreite 20 bis 30 cm), der Fleischanteil ist trotzdem gering. Die beste Ausbeute liefern die Scheren.

Frische Taschenkrebse gründlich waschen und in sprudelnd kochendem Wasser töten. Nach 1 Minute die Hitze zurückschalten und die Krebse weitere 25 bis 30 Minuten köchelnd garen.

Das Fleisch aus den gekochten Krebsen wie folgt lösen: Die Scheren und die Beine vom Panzer mit drehender Bewegung abbrechen.

Die Schwanzplatte von der Unterseite abheben, abdrehen und entfernen.

Ein Messer zwischen Unterseite und Schale schieben. Dabei die Schale gut festhalten, dazu eventuell etwas Küchenpapier verwenden. Den Rand rundherum mit dem Messer lösen.

Den Körper herausziehen und mit einem starken Messer halbieren.

Das Fleisch mit einem Teelöffel aus dem Körper holen. Ebenso das Fleisch aus der Schale heben und die Schale sauber auswaschen und trocknen.

Dann die Krebsscheren und die Beine auslösen: Die Scheren mit dem Rücken eines schweren Messers aufschlagen, die Schalen vorsichtig abheben und das Fleisch auslösen.

Die Beine mit der Krebszange oder ebenfalls mit dem Messer anknacken und das Fleisch mit der Hummergabel vorsichtig herausziehen.

Nun den Panzer als Servierschale zum Füllen vorbereiten: Den Panzer an der geschwungenen, natürlichen Naht neben dem Maul mit

der Schere anschneiden und die inneren Panzerstücke ausbrechen.

Das ausgelöste Fleisch des Taschenkrebses ist sehr unterschiedlich in Konsistenz und Farbe. Achten Sie darauf, daß Krebsweibchen eventuell den rötlichen Corail (Rogen) tragen, der das aus dem Krebsfleisch zubereitete Gericht dekorativ krönen kann (s.28).

TINTENFISCHE

Der gemeine Tintenfisch/Sepia

Ob die Sepia oder der Kalmar der berühmtere Tintenfisch ist, wird sich nicht klären lassen. Beide Weichtiere sind aus der Küche unserer südlichen Ferienländer nicht wegzudenken.

Der Gemeine Tintenfisch hat einen ovalen Körper mit einem dünnen Flossensaum. Außer den Armen rund um das Maul hat er zwei besonders lange Fangarme, die er eingerollt verborgen trägt. Große Tintenfische werden mit einer durchschnittlichen Körperlänge von 25 cm angeboten.

Winzig kleine Tintenfischlein sind im Handel häufig unter dem italienischen Namen **„Seppioline"** zu finden und sind eigentlich Tintenschnecken. Sie sind meist schon ausgenommen und am Körper gehäutet (daher weiß). Seppioline eignen sich hervorragend zum Fritieren und Schmoren im ganzen.

Der gemeine Kalmar

Dieser Tintenfisch unterscheidet sich von der Sepia durch einen wesentlich längeren, schlanken, köcherförmigen Körper mit zwei Schwanzflossen. Auch sein Kopf und seine Fangarme sind langgestreckt. Das Fischbein im Rücken ist dünner und weicher als das der Sepia.

Die Tinte der Sepia wie des Kalmar wird in manchen Gerichten mitverwendet und dient zum Schwarzfärben von Nudelteig und Risotto.

Der gemeine Krake/Octopus

Am bekanntesten sind bei uns die Kraken aus dem Mittelmeer, es gibt sie aber auch in der Nordsee. Zartes Fleisch für die Verwendung in der Küche haben Exemplare bis zu 50 cm Länge. Mit den furchteinflößenden Riesenexemplaren kommen Fischer wie Badegäste selten in Kontakt.

Der Krake wird wie die anderen Tintenfische vor dem Garen gehäutet und ausgenommen. Man verwendet den Kranz mit den Fangarmen, der vom Kopf getrennt wird, und den gereinigten Körpersack.

Von den Kraken, italienisch **Calamari**, werden winzig kleine Exemplare unter dem ebenfalls italienischen Namen **Moscardini** angeboten. Sie werden in der Küche wie die Seppioline verarbeitet.

TINTENFISCHE VORBEREITEN

Alle Tintenfische zunächst gründlich waschen und dann die Haut abziehen. Dabei den Körper mit der einen Hand fest packen und mit der anderen Hand die Haut fassen. Mit einem Blatt Küchenpapier geht es eventuell noch leichter.

Die Fangarme samt Kopf und den anhängenden Innereien aus dem Körper ziehen. Die Arme knapp vor den Augen vom Kopf schneiden. Achten Sie darauf, daß die Arme durch einen schmalen Kranz verbunden bleiben.

Kopf und Innereien wegwerfen und ebenso die „Zähne" aus dem Maul entfernen. Diese Kauwerkzeuge sitzen in der Mitte der Fangarme und lassen sich ganz leicht von unten herausdrücken.

Das Fischbein vom Kalmar ist dünn und transparent. Es kann einfach herausgezogen werden. Danach den Körpersack gründlich auswaschen.

Je nach Rezept werden auch die beiden Flossen vom Körper abgezogen und kommen samt den Armen kleingehackt in die Füllung der Körperhülle. Zum Fritieren wird der Körper in gleichmäßig breite Ringe geschnitten.

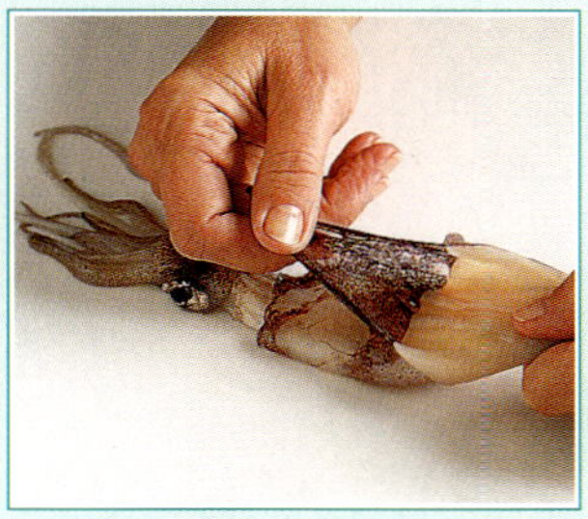

Rohe Muscheln vorbereiten

In verunreinigten Gewässern kann es vorkommen, daß Muscheln giftige Stoffe in sich anhäufen und somit für den Menschen ungenießbar werden. Allerdings wird dieses Risiko bei kommerziellen Fängen durch strenge Kontrollen gering gehalten. Trotzdem ist es für jeden Muschelliebhaber ratsam, einige Regeln zu berücksichtigen:

Rohe Muscheln sollen geschlossen sein oder sich schließen, wenn man mit dem Messergriff fest auf ihre Schalen klopft. Rohe geöffnete Muscheln, die nicht mehr reagieren, sollten Sie gleich entfernen.

Schalen sorgfältig unter fließendem Wasser bürsten und eventuell abkratzen.

Miesmuscheln haben außerdem einen „Bart", das ist ein feines Büschel haarähnlicher Fasern, mit denen sich die Muscheln am felsigen Untergrund festhalten. Diesen Bart gleich beim Waschen ausreißen. Ziehen Sie ruhig kräftig an, das Muschelfleisch wird dadurch nicht verletzt.

Legen Sie lebendfrische Muscheln einige Stunden in kaltes Wasser, das Sie mehrmals wechseln, damit Sand und andere Fremdkörper ausgeschieden werden.

Muscheln sollten sich erst beim Garen öffnen, und zwar von allein! Bleiben sie geschlossen, sind sie ungenießbar und müssen weggeworfen werden. Öffnen Sie keinesfalls eine solche Muschel gewaltsam!

Muscheln, frisch vom Markt

Zu den bekanntesten Muscheln gehören die **Pfahl-** oder **Miesmuscheln.** Zu den kleinsten Arten zählt die französische **„Bouchot"**, aus Holland kommen kleine und mittlere Miesmuscheln, aus Spanien meist die großen.

Neuseeländische Pfahlmuscheln sind besonders groß und haben an den Schalen einen hübschen, grünen Rand.

Beliebt sind die verschiedenen Arten der **Venusmuschel** (Vongola). Aus italienischen Gerichten kennen wir vor allem die **„Vongole veraci"**, die wie Schnecken mit zwei Hörnern aus ihren bunten Schalen treten.

Sie sind ebenso wie die kleinen **Herzmuscheln** selten besonders verschmutzt und müssen nur gründlich gewässert werden.

Alle diese Muscheln ißt man auch roh. Die kleinen Herz- und Venusmuscheln eignen sich am besten für Nudelgerichte, Ragouts und Eintöpfe.

Das Fleisch großer **Clams** verwendet man auch für Ragouts und Eintöpfe. Um diese Muscheln roh zu öffnen, hält man sie am besten mit einem Tuch fest, setzt mit einem stabilen Messer an der Nahtstelle an, fährt rundherum und durchtrennt das Scharnier.

Die 15-20 cm lange, große **Schwertmuschel** heißt bezeichnender Weise auf spanisch „Navaja", was Taschenmesser bedeutet. Es gibt sie im Atlantik und im Mittelmeer. Ihre Schalen sind leicht gekrümmt und relativ dünn. Sie enthalten reichlich Fleisch, das am besten nur kurz gedünstet gegessen wird. Man kann es auch roh genießen.

Schwertmuscheln vor der Zubereitung lange wässern und mehrmals gründlich spülen, weil sie besonders sandig sind.

JAKOBSMUSCHELN

Eine der begehrtesten Muscheln überhaupt ist die ebenso attraktive wie köstliche Vertreterin der Kamm-Muscheln, die Pilger- oder Jakobsmuschel. Gegessen werden das cremig-weiße Fleisch des Schließmuskels und der orangefarbene Rogensack (Corail).

Wie bei allen Muscheln muß auch bei den „Coquilles Saint Jacques“ - so heißen sie französisch - gewährleistet sein, daß sie superfrisch sind. Finden Sie keine lebendfrischen Muscheln auf dem Markt, kann man auf Tiefkühlware ausweichen. Frische Jakobsmuscheln enhalten meistens ziemlich viel Sand, deshalb sollte man sie vor dem Öffnen mehrere Stunden wässern: Zunächst die Schalen der Jakobsmuscheln sorgfältig reinigen, dann in Salzwasser legen.

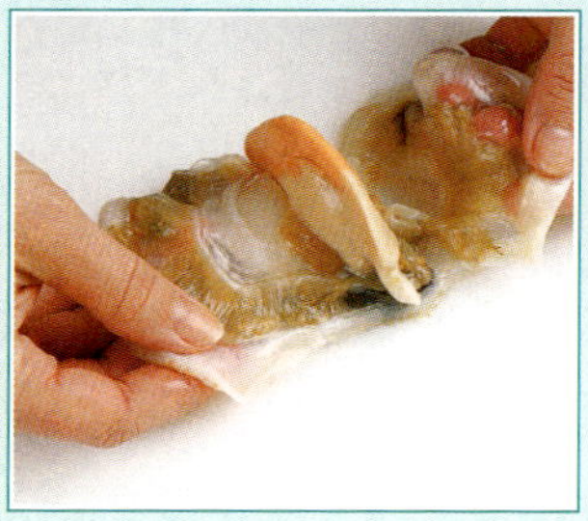

Jakobsmuscheln öffnen

Wie beim Öffnen aller Muscheln muß die flache Schalenhälfte oben liegen. Die Muschel mit einem Tuch fest packen und ein kurzes, starkes Messer an der abgebildeten Stelle zwischen die Schalen schieben.

Es ist wichtig, die Messerschneide flach an der oberen Schale entlangzuführen, um den Schließmuskel möglichst knapp abzutrennen. Die Muschel rundherum lösen und aufklappen.

Die untere Schale weiterhin waagerecht halten und den dunklen Rand des Fleisches (Bart) mit dem Messer lösen. Dabei auch das andere Ende des Muskels abtrennen.

Nicht immer bleibt die Hälfte des dunklen Randes an der oberen Muschelschale hängen. Falls die Muschel im ganzen ausgelöst wird, lassen sich die Ränder leicht von Muskel und Rogen abziehen.

Schließlich werden noch die dunklen Organe mit dem Messer vorsichtig und im ganzen entfernt. Was übrig bleibt, ist das weiße Fleisch des Muskels, auch Nüßchen genannt, und der orangefarbene Rogen/Corail.

AUSTERN

Austern gibt es in den Meeren aller warmen und gemäßigten Zonen. Ursprünglich europäisch sind folgende zwei Arten: die aus der Bretagne stammende flache, runde **Europäische Auster** und die **Portugiesische Felsenauster**, die an einen länglichen, schuppigen Stein erinnert. Europäische Austern haben je nach Herkunftsort unterschiedliche Namen: Aus Frankreich kommen die **„Belons“**, **„Marennes“** oder **„Gravettes d`Arcachon“.** Aus Belgien und Holland die **„Ostendes“** und **„Imperial“.** Geschmacklich hervorragend und deshalb immer beliebter sind die englischen **„Colchester“** und **„Whitstable“**. Bedeutend ist auch die irische Austernproduktion, nicht zuletzt durch den Rückgang der Bestände an der verschmutzten Nordseeküste. Wichtig, aber kulinarisch zweitrangig ist die Portugiesische Felsenauster (frz.: Portugaise), deren bekannteste Vertreter aus Frankreich die **„Fines de Claires“** sind.

Der Portugiesischen macht die Japanische bzw. Pazifische Felsenauster in Europa starke Konkurrenz. Diese große, widerstandsfähige Muschel wird von vielen Züchtern bevorzugt.

Austern öffnen

Die Muscheln in eine gefaltete Serviette legen, und zwar mit der flachen Schale nach oben und dem Scharnier (Schloß) nach vorn. Die Auster festhalten und mit dem Austernmesser eine kleine Öffnung im Scharnier suchen.

Das Scharnier durchtrennen und dann die Schalen mit einer kräftigen, drehenden Bewegung des Messers aufbrechen. Die Messerklinge an der Innenseite der oberen Schale entlangführen und den Muskel, der die Schalenhälften zusammenhält, durchtrennen. Dann die obere Schale entfernen. Während des gesamten Vorgangs darauf achten, daß die untere Muschelschale waagerecht bleibt, um keine Flüssigkeit zu verlieren.

MEERES- UND STRANDSCHNECKEN

Im Meerwasser und an den Stränden aller Klimazonen leben die verschiedensten Schneckenarten, von denen viele seit Menschengedenken verzehrt werden. Jeder, der schon an einer felsigen Küste war, kennt die kleinen **Napfschnecken**, deren bräunliches oder graugestreiftes Gehäuse an einen spitzen Chinesenhut erinnert. Sie wirken wie eine Muschel, die nur die obere Schalenhälfte besitzt, denn auf der Unterseite saugen sie sich mit ihrem kräftigen Saugfuß auf Felsen, Steinen oder auf großen Muscheln fest. Ihr Fleisch ist gut im Geschmack, aber ziemlich zäh. Sie werden vor Ort meist roh gegessen.

Aus Frankreich ist die Gemeine **Strand-** oder **Uferschnecke** im Handel, auf französische **Bigorneau**. Diese kleinen Schnecken enthalten wenig, aber delikates Fleisch. Man ißt sie gleich nach dem Abkochen noch warm oder im Rahmen einer Meeresfrüchteplatte auf Eis gekühlt.

Häufig werden die gekochten Schnecken ausgelöst und mit einer Kräutervinaigrette angerichtet.

Eine andere beliebte Schneckenart, die man auch im Fachhandel finden kann, ist die **Wellhornschnecke**, französisch **Bulot**. Da ihr Fleisch ziemlich fest ist, wird sie hauptsächlich zu Suppen, Farcen und Eintöpfen verarbeitet oder mariniert.

Schnecken verschließen ihr Gehäuse mit einem Deckel, der beim Kochen meist abfällt. Deckel, die sich nicht gelöst haben, sorgfältig entfernen.

SEEIGEL

So sehr man sie beim Baden fürchtet, so beliebt sind sie unter Feinschmeckern als lebendfrisch genossene Delikatesse. Seeigel gehören zum Stamm der Stachelhäuter, ebenso wie Seegurken, Seesterne und Seelilien. In Europa am bekanntesten und besten ist der Steinseeigel, der dunkelviolett, braun oder schwarz gefärbt sein kann. Er lebt an mit Algen bewachsenen Felsen, knapp unterhalb der Gezeitenzone. Von lebendfrischen, weiblichen Tieren werden die Eierstöcke, von männlichen Seeigeln die Gonaden (Geschlechtsorgane) gegessen. Für Saucen und Ragouts verwendet man auch den Saft der Seeigel.

Seeigel öffnen

An der Unterseite des Seeigels sitzt sein Mund mit den fünf Zähnen. Den Seeigel mit dem Mund nach oben in die Hand legen - keine Angst, er sticht nicht! Rund um die Zähne liegt eine leicht nach innen gewölbte, stachellose Haut. Hier sticht man mit der Schere ein und schneidet am Panzer entlang ein kreisrundes Stück aus. Falls Sie Seeigel roh genießen (orangefarbene Teile), verwenden Sie den Saft zum Aromatisieren von Saucen.

Rezeptverzeichnis